中津孝司◆編著
梅津和郎＋佐藤千景＋河村 朗◆著

中東新戦争勃発

【原油200ドル時代到来】

同文舘出版

【執筆分担】

中津　孝司　　Ⅰ，Ⅷ
梅津　和郎　　Ⅱ，Ⅴ
佐藤　千景　　Ⅲ，Ⅳ
河村　　朗　　Ⅵ，Ⅶ

は じ め に

　日本は二重苦の最中にある。東日本大震災の復旧・復興は遅々として進展しない。このジャパンショック，換言すれば原子力発電所事故の衝撃は日本のみならず，世界中に悪影響を及ぼしている。産業界はサプライチェーン（供給の鎖）を修復しようと躍起となっているのを横目に，永田町では相も変わらず不毛の権力闘争が繰り広げられている。有権者・納税者の怒りは頂点に達し，首相や与党・民主党の支持率は低空飛行を続けている。泣き面に蜂。南欧ショックや中東ショックの影響で世界経済の足元も揺らぐ。

　反戦を前面に押し出したい米国のオバマ政権はリビア空爆に消極的であるばかりか，アフガニスタンからの米軍撤収作戦に踏み出した。アフガニスタンの反政府武装勢力タリバン討伐に費やした軍事費（戦費）は4,440億ドルに達する。ここには非軍事関連の290億ドルは含まれていない。だが，残念なことに，タリバンが降伏した事実はなく，加えて，国際社会からアフガニスタンに流入した援助が一般市民に還元されている様子でもない。反対にアフガニスタン市民の戦死者数は2007年以降だけでも8,830人に上る（*Financial Times,* June 1, 2011）。

　米軍撤退後，アフガニスタンの治安は回復，安定へと向かうのか。オバマ大統領はタリバンと取引する方針に転換するのか。あるいはタリバン壊滅まで徹底抗戦するのか。一定の成果を上げることができたと内外に宣言できる日が訪れるのか。大統領選挙を控えているにもかかわらず，米国内の失業問題を解決できないオバマ大統領。内政と外交の総決算の時期を迎えている。

　「アラブの春」と讃えられたチュニジアとエジプトの政権転覆だったが，今や一時のユーフォリア（陶酔感）は雲散霧消し，現実的な問題が

顕在化し始めた。エジプトの失業率はムバラク政権時代の9.1％から11.9％に上昇。加えて，2011年の経済成長率はマイナス3.0％と予想される始末だ（*Financial Times,* June 2, 2011）。チュニジアの2011年経済成長率も前年の3.7％から１％に落ち込む見通しである（『日本経済新聞』2011年６月20日号）。

　エジプトで総選挙が平和裏に予定どおり実施され，新憲法が起草されたとしても，イスラム派とリベラル派との対立が深まる可能性は十二分にある。その結果，イスラム原理主義を標榜する最大野党ムスリム同胞団が躍進することは間違いない。これを修正しようと軍部がその絶大なる影響力を行使するか。すなわち軍部が政治の中枢部に躍り出てくることは否定できない。この新生エジプトがイスラエルとの平和条約を遵守するか。パレスチナ自治区ガザからエジプトにはすでに１万2,000人が流入しているという（*Financial Times,* June 21, 2011）。エジプトで樹立される新政権が反イスラエル・親パレスチナの方針を打ち出せば，イスラエルは完全に孤立する。中東新戦争の火種はまさにここにある。

　それでも，エジプトとチュニジアは新しい道を模索する第一歩を踏み出した。リビアでは東西内戦の様相を呈し，反体制派がリビア全体をほぼ制圧したものの，ポスト・カダフィの輪郭はみえないままだ。リビアだけではない。石油輸出国機構（OPEC）の盟主が鎮座するアラビア半島でもシリアとイエメンの情勢が落ち着かない。シリアからは難民がトルコに多数流出，トルコがシリアのアサド政権に圧力を掛けている。もちろんシリアの民主化シナリオはまったくみえてこない。イエメンでも同様だ。たとえサレハ政権が崩壊しても，イエメンが良き方向に動き出すとは誰も断言できない。かえってイエメン南部に潜むイスラム系過激派の台頭を招くだろう。反戦を錦の御旗に掲げるオバマ大統領がイエメンに介入する可能性は低い。リビア空爆では英国とフランスが結束したけれども，両国とも空爆の難しさを思い知ったことだろう。イエメンに

関与する余力はもうない。国際社会がイエメンを放置した結果，国際テロ組織アルカイダの根拠地となる危険性が高まる。中東新戦争の第二の火種はイエメンにもある。

　イランでの民主化運動はことごとく弾圧されてきたが，若者が時代遅れの神権政治に満足できるわけはない。誰しも豊かな生活を夢見るだろう。イランの政権転覆はこれからである。既にイランではアハマディネジャド大統領が政権中枢部で孤立。内部分裂の危険性が高まってきた。この機をとらえて，イランの民衆が蜂起する，あるいはイスラエルが閉塞状況突破のためにイランを空爆する事態に陥れば，たちどころにイランの神権政治は空中分解する。これが中東新戦争の第三の火種に他ならない。

　中東世界ではエジプトの影響力が衰える一方，トルコのプレゼンスが高まる客観的情勢となってきている。2011年6月12日に実施された総選挙でネオ・イスラム派の与党・公正発展党（AKP）を大勝に導いたエルドアン首相は大統領就任への野心を燃やす。野心的な政治家が発言力を強めていくと，往々にしてその関心は外の世界に向かう。エルドアン首相には経済力を強化した実績がある。2010年の経済成長率は8.9％を記録。国民1人当たり国内総生産（GDP）は02年では3500ドルに過ぎなかったが，2010年に1万ドルを突破（『日本経済新聞』2011年6月15日号），2012年には1万5000ドル（購買力平価）に接近すると予想される。2010年の輸出総額は1139億ドルに及ぶ（*Financial Times*, June 10, 2011）。トルコの経済力を軽視できない証左だ。BRICS（ブラジル，ロシア，インド，中国，南アフリカ）に次ぐ国家に成長したと評価される所以である。

　こうしたトルコが中東世界に君臨しようとしても決して不思議ではない。エジプトのムスリム同胞団やチュニジア，イエメンにトルコ流民主主義を指南するだけでエルドアン政権は満足するだろうか。中東世界の

盟主として存在感を増したいとの野望を抱いても当然だろう。欧州連合（EU）加盟よりも中東・イスラム世界大接近に注力するほうがトルコの存在価値を高めるだろう。その外交姿勢はネオ・オスマン主義の色彩を濃くしている。トルコが台頭し，イスラエルが孤立する中東世界の政治地図は大きく塗り替えられることになろう。何よりもホワイトハウスが中東外交で困難な舵取りを強いられる。

　国際エネルギー機関（IEA）が石油備蓄の取り崩しを言明した直後，国際石油価格は低下した。だが一方，OPECは石油価格の上昇局面では結束できないでいる。本来ならば，価格カルテル組織であるOPECの産油量が石油価格に影響を及ぼすはずだ。低下局面で産油量を減らし，上昇局面で増やす―これがOPECの役割だった。OPECに価格を操作する能力を期待できないとなると，石油価格が天井知らずの勢いで史上最高値である1バレル147ドルを上回ったとしても，OPECはそれを阻止できない。人口爆破が原因でOPEC加盟国内でも石油需要は旺盛。新興国でも中長期的に原油需要は確実に伸びていく。原子力ルネッサンスが息を潜めた今，石油価格は否が応でも高値圏で推移せざるを得ない。

　しかも周知のとおり，世界原油埋蔵量全体の80％をOPEC加盟12カ国が占有する。その原油生産余力はわずか日量400万バレル（*Financial Times,* June 14, 2011）。その大半をサウジアラビア1国に依存する。リビア情勢が正常化することは当面，期待できない。リビア産原油の消滅分は日量130万バレル。この空白をサウジアラビアが埋めているが，サウジアラビア国内の電力需要は上昇の一途を辿る。天然ガスシフトを強化してきたサウジアラビアであるけれども，その天然ガスは原油生産（現在，日量900万バレル）にともなって産出される，いわゆる随伴ガス。産油量が伸びないと，天然ガス生産量も増えない。であるがゆえに，世界屈指の石油王国が原子力発電所建設に意欲を燃やす。

　要するに，投機マネーの影響を勘案しなければならないが，石油の需

給状況は今後，いっそう逼迫すると覚悟を決めたほうが賢明だ。中東で新たな戦争が勃発すれば，その衝撃度は計り知れない。1バレル200ドルを突破することは間違いない。ここに日本の震災ショックが加わる。双方が複合的に世界経済を奈落の底へと突き落とすリスクは今もって解消されていない。

　本書の出版については，今回もまた同文舘出版にお世話になった。この場をお借りして感謝申し上げる。また，執筆協力してくださった先生方にも深く御礼申し上げたい。ただ，本書の至らない点はすべて編著者である中津に責任がある。読者諸氏からの厳しいご指摘を賜って，それを参考に中東民主化ドミノの行方を探る著作をまた同文舘出版から刊行できる日を楽しみしている。

平成23年電力不足が懸念される猛暑の夏

著者を代表して
中　津　孝　司

中東新戦争勃発◎目次

I 中東騒乱は安定と民主化をもたらすか　*1*

1　中東に夜明けが訪れたのか……………………………………………*2*
2　チュニジア・ジャスミン革命の行方……………………………………*10*
3　ポスト・ムバラク政権が中東世界の命運を左右する……………*12*
4　産油国リビア動乱の衝撃………………………………………………*21*
5　最後の砦も決壊するのか………………………………………………*33*

II ホワイトハウスの説得は徒労に終わるのか　*47*

1　イスラエル・パレスチナ和平交渉とは…………………………………*48*
2　ワシントンが和平交渉に熱心な訳……………………………………*50*
3　和平交渉は結実するのか………………………………………………*53*

III イスラエルはなぜ,頑固なのか　*57*

1　イスラエルという国………………………………………………………*58*
2　実は天然ガス大国………………………………………………………*66*
3　イスラエルの命運………………………………………………………*71*

IV パレスチナは独立宣言できるのか　*77*

1　パレスチナとは一体,何か………………………………………………*78*
2　パレスチナの悲運………………………………………………………*83*
3　パレスチナは何処へ行く………………………………………………*92*

V アフガニスタンを舞台とするテロとの戦いは何時終結するのか　99

1　なぜ，米軍がアフガニスタンに駐留するのか　100
2　カルザイ大統領の裏の顔　103
3　米軍が勝つか，タリバンが勝つか　106

VI ペルシャ湾岸諸国の原油・天然ガス輸出とホルムズ海峡　109

1　はじめに　110
2　湾岸諸国の原油・天然ガス輸出　111
3　原油・天然ガスの輸出ルートとホルムズ海峡の迂回　117
4　終わりに　―まとめに代えて―　124

VII リビアにおけるエネルギー資源の動向と欧州諸国　133

1　はじめに　134
2　リビアにおける原油・天然ガスの動向　135
3　欧州諸国とリビア産エネルギー資源　141
4　リビアの政情不安と原油の動向　143
5　今後の展望　145

VIII 中東の革命と新戦争　151

1　カリスマなき民主革命後の混沌　152
2　ペルシャ湾岸産油国に革命の嵐が飛び火するか　155
3　ウサマ・ビンラディン殺害と中東新戦争　162
4　天然ガスと中東新戦争の政治経済学　167
5　日本政府はエネルギー戦略を総点検しなければならない　171

中東・北アフリカ諸国の経済指標比較

	人口に占める30歳以下の比率(％：2010年)	若年層（15-24歳）の雇用状況(％：2008年)	国民1人当たりGDP（購買力平価：米ドル，2010年）
アルジェリア	56	31	7,100
バーレーン	48	30	26,800
エジプト	61	23	6,400
ヨルダン	65	20	5,700
リビア	61	27	14,900
モロッコ	56	35	4,800
オマーン	64	29	26,200
サウジアラビア	61	25	23,700
シリア	67	32	5,100
チュニジア	51	22	9,500
イエメン	73	22	2,600

出所：*Financial Times*, April 2, 3, 2011.

I

中東騒乱は安定と民主化をもたらすか

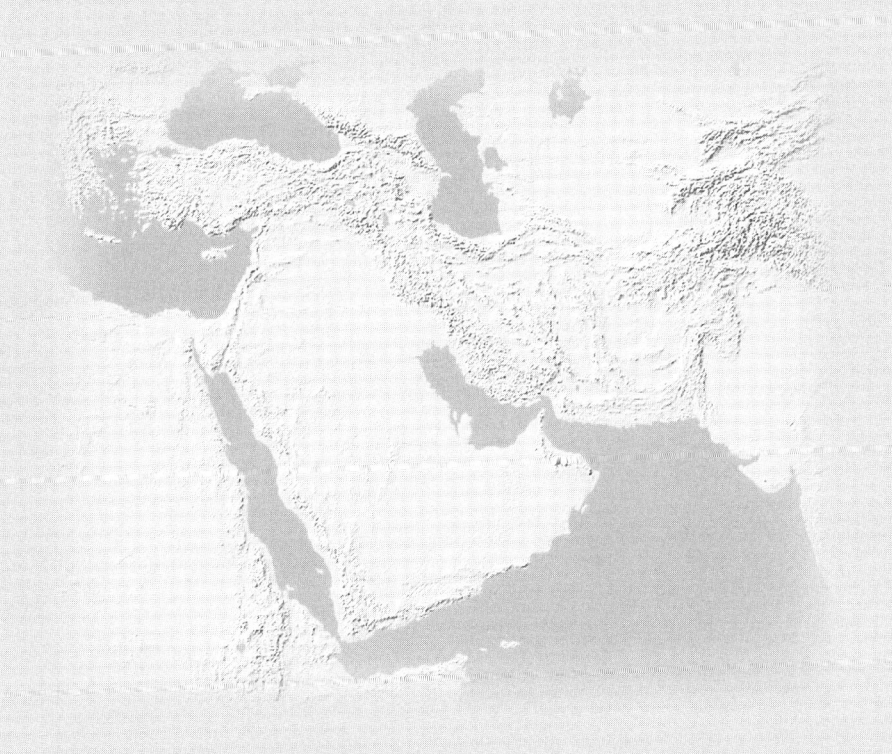

1 中東に夜明けが訪れたのか

　青天の霹靂。中東地域の独裁者は虚を突かれたに違いない。失業中のチュニジア青年による焼身自殺に端を発する反体制デモは，瞬く間に中東全域に拡散した。チュニジアでは当時のベンアリ大統領がサウジアラビアに逃亡，亡命した。盤石だと目されていたエジプトのムバラク大統領も呆気なく自滅。政権崩壊に追い込まれた。間もなくリビアのカダフィ大佐にも火の粉が降りかかる。民衆蜂起は共和制，王制，絶対君主制といった政治体制に関係なく，中東諸国で巻き起こった。その主役は民衆。カリスマではない。一般市民が政権転覆の原動力となった。

　具に観察すると，国によって反体制デモの原因は異なるが，それは程度の差に過ぎない。各国が抱え込む社会問題には共通点が散見される。第1に，既得権益層が薄い。人口規模が違うので単純比較はできない。だが，中国では既得権益層が厚く，この層が共産党一党独裁体制維持の一種の緩衝材となって作用している一方で，中東ではごく一部の支配層に富が集中。どの程度の資産を溜め込んだかは資産凍結措置が講じられた際に，白日の下に晒された。

　次に，既得権益層が薄い一方で，若年層が厚い。中東総人口の半分が25歳以下の若年層で占められるという。また，総人口に占める15-29歳年齢層の比率を国別で列挙すると，次のようになる[1]。すなわち，アルジェリア30.7％，シリア30.7％，イエメン30.3％，ヨルダン30.2％，エジプト29.2％，チュニジア28.9％，リビア28.0％，バーレーン27.9％，サウジアラビア27.7％。どの国も30％前後という驚異的な高さであることが判明する。

　エジプトの人口は1970年の3,500万人から8,300万人に急増。アラブ最多となった。その60％が30歳未満の青少年で占められる[2]。チュニジア

Ⅰ　中東騒乱は安定と民主化をもたらすか

でも人口1,000万人の半数が30歳未満の青少年だ。若年人口が急増すると若年雇用は不可欠。エジプトの場合，年間70万人の雇用を創出する必要があるとされる。しかし，現実には雇用が創出されない。結果，エジプトの失業率は公式統計で9.4％（2009年，現実にはさらに高い），18-29歳の失業率は22％に達する。チュニジアの失業率も13％に上る[3]。暇を持て余した若者が昼間から街を闊歩すれば，治安の悪化を誘発し社会不安を生む。

　職なき者には当然，所得がない。貧困生活を強いられる。エジプト国民の40％が1日2ドル以下で暮らす[4]。概して貧困層のエンゲル係数は高い。食料品価格の高騰は台所を直撃する。エジプトの物価上昇率は2010年平均ですでに11.7％，食料品価格上昇率は2010年8月で22％に達していた。

　昨夏，日本では酷暑の日々が続いたが，ロシアでも100年ぶりの猛暑だった。大旱魃で山火事が発生。首都モスクワも猛煙に包まれた。クレムリン（ロシア大統領府）は穀物禁輸を断行，国内消費向けを優先した。

　割安なロシア産の穀物を輸入していたのは中東各国。2008年穀物年度（08年7月-09年6月）実績でみると，ロシア産穀物の主要輸出先は以下のとおりだった。その第1位はエジプトで589万トンが出荷された。第2位はトルコ，270万トンのロシア産穀物を買い付けた。第3位はサウジアラビア，178万トンが輸出された。以下，第4位シリア162万トン，第5位パキスタン140万トン，第6位アゼルバイジャン115万トン，第7位イラン95万トン，第8位リビア79万トン，第9位イタリア71万トン，第10位ヨルダン70万トンと続く。上位10カ国中，7カ国が中東に位置する。これらのなかで，トルコを除く国で反政府デモが発生したことは公知の事実である。

　安価なロシア産穀物を調達できなくなったことで，やむなく中東各国は割高な米国産などの穀物を輸入せざるを得なくなった。当然，主食で

利用する小麦の価格は跳ね上がる。補助金を拠出して補填しても，財政赤字が累積し限界点に達していた。2010年7月-2011年6月期に拠出される補助金がエジプトでは，歳出総額の約4分の1を占める1,010億エジプトポンド（図表Ⅰ-1参照）。日本円に換算すると，1兆4,000億円になる。国庫にとって打撃であることは想像に難くない。ただ，補助金が充当されても，店頭からパンが消えれば再度，暴動が勃発する。

　イランでは10年12月19日から基礎生活物資（燃料・食料）の補助金（年間1,000億ドル）が削減された。その結果，小麦価格は40倍，ガソリン価格は4-7倍，ガス価格は5倍，電力・水道価格は3倍に急騰することになった[5]。イラン政府は補助金削減で年間200億ドルの負担軽減になると試算する。その半分に相当する100億ドルが貧困家庭に現金給付される[6]。世界屈指の産油国イランの失業率は公式発表でも14.6％に及ぶ。神権政治が機能しなくなった証左といえる。イランの反体制運動は今後，本格化しよう。今や中国の経済的植民地と化したイランの情勢を注視する必要がある。

　穀物（小麦，大豆，トウモロコシなど）だけでなく国際商品の価格が世界的に高値圏で推移するようになった（図表Ⅰ-2参照）。国連食糧農業機関（FAO）の発表によると，11年2月の食料価格指数は236.0ポイント（2002-04年平均＝100）と過去最高値を更新した[7]。生産が伸び悩んだ一方，需要は旺盛であることが在庫減少の主因である。

　加えて，産油国リビアが原油輸出を停止したことで原油価格も高騰（図表Ⅰ-2参照）。原油供給危機で国際的な指標の1つである北海ブレントは11年2月24日に1バレル（159リットル）119.8ドルと，08年8月以来2年半ぶりの高値を記録した[8]。これが食料の輸送・生産コスト上昇の直接的原因となっている。あわせて，日本円，スイスフラン，金なども逃避資金の受け皿となっている（図表Ⅰ-3参照）。国際商品価格の高値圏推移は長期化するおそれが生じてきた。

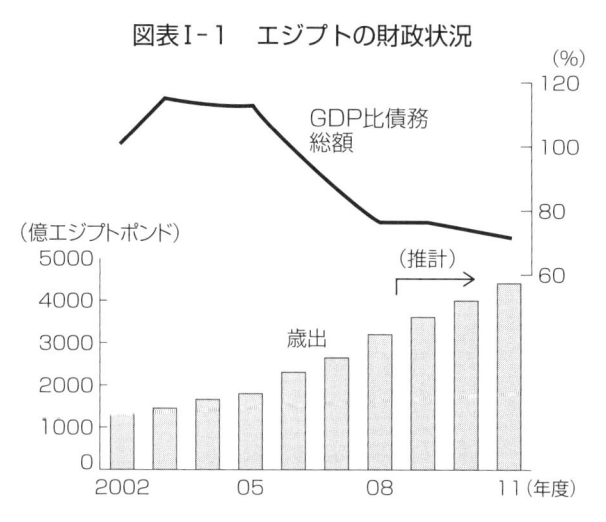

Ⅰ　中東騒乱は安定と民主化をもたらすか

図表Ⅰ-1　エジプトの財政状況

出所：『日本経済新聞』2011年2月8日。

図表Ⅰ-2　原油とトウモロコシの国際価格

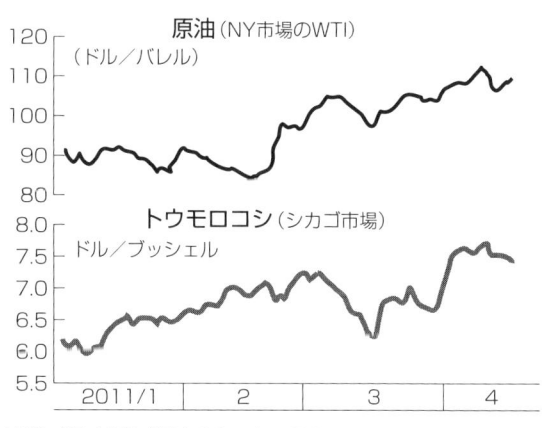

出所：『日本経済新聞』2011年4月22日。

　仮に中東地域で民主化が促進されたとしても，それが直線的に経済問題を解決するわけではない。失業と貧困といった社会経済問題を一朝一

5

図表I-3 NY金の先物価格

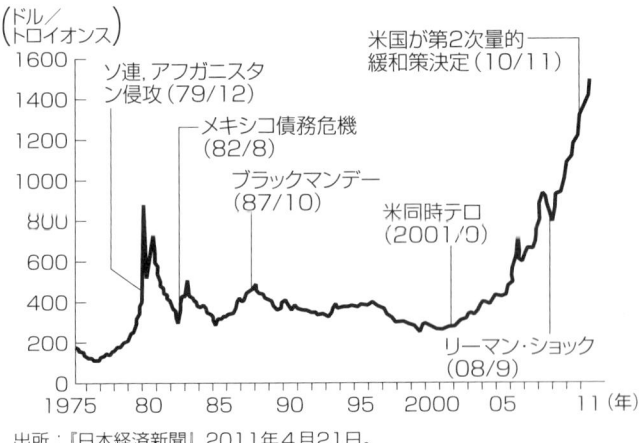

(ドル/トロイオンス)

- ソ連,アフガニスタン侵攻(79/12)
- メキシコ債務危機(82/8)
- ブラックマンデー(87/10)
- 米同時テロ(2001/9)
- リーマン・ショック(08/9)
- 米国が第2次量的緩和策決定(10/11)

出所:『日本経済新聞』2011年4月21日。

夕に解決することは土台無理な相談。大衆による抗議デモはいつ，いかなるときでも発生する。だが，経済的な見返りがあるならば独裁は黙認される(9)。逆に，民主主義が浸透しても社会的安定に繋がるとは限らない。問題解決には時間とコストをともなう。北アフリカ地域では雇用の創出が，ペルシャ湾岸地域では労働力の供給がそれぞれ重要。中東市民は総力を結集して，経済問題の解決に邁進せねばならない。

　その鍵が教育と訓練にあることは指摘するまでもないだろう。スキルを高め，生産性を向上し，勤労倫理を定着させるには適切な教育・訓練制度が不可欠だ。これが整備され機能しなければ，必要な人材が生み出されない。結果，外国人労働者に依存する体質が改善されない。世界最大の原油確認埋蔵量を誇るサウジアラビアでさえも失業率は10.5％に上る。大卒者50万人のうち44％が職を得ることができない。また，20-24歳の失業率は43.2％に及ぶ(10)。若年失業問題はエジプトより深刻である。

　そこで，サウジアラビア政府は教育機関，医療機関，インフラストラクチャー（インフラ，社会的基盤）の整備向けとして3,850億ドルを投じ，

14年末までに失業率を半減する方針を打ち出した。加えて，アブドラ国王が療養先のモロッコから帰国して早々，若年層の雇用拡大や失業給付の拡充，それに住宅整備といった社会福祉に力点をおく350億ドルを超える緊急経済対策を発表した。あわせて，非正規雇用の公務員を正規雇用とするように命じている(11)。一連の不満解消策が奏功しないと，優秀な人材が外国や外資系企業に流出してしまう。

　経済問題のみに留まらない。国際政治も中東情勢と密接な関係がある。ワシントンは独裁政権であるにもかかわらず，なぜムバラク体制を支えたのか。総額16億ドルのうち，軍事援助だけで年間13億ドルが米国からエジプトに流れ込んだ(12)。それはエジプト軍が国家の守護者を自認，1979年にイスラエルと締結した平和条約を死守してきたからに他ならない。ムバラク大統領の存在価値はこの一点に尽きる。イラン革命でイスラエルは最大の盟友を失った。この歴史がまた繰り返されるのか。

　エジプト国民は一般に自国軍を敬愛するといわれる一方で，恐怖政治に固執したムバラク大統領に反感を抱いていた。この人物を支える米国にも嫌悪感を抱き，この米国が庇護するイスラエルにも当然，非難の矛先が向けられてきた。一連の民衆蜂起では反米，反イスラエル，反ユダヤのスローガンは抑制された。だが，アラブ世界は本質的に反イスラエル，反ユダヤ。今後，必ずやイスラム過激派や反米・反イスラエル勢力が台頭してくる。周囲を敵に囲まれるイスラエルに怒りのマグマが押し寄せることを想定しておくべきだ。

　エジプトで民主的な総選挙が実施されれば，大統領選候補を擁立しなくとも，イスラム原理主義組織・ムスリム同胞団の影響力は自ずと強まる。イスラム復興を目指すムスリム同胞団はパレスチナ自治区のイスラム原理主義組織ハマスの源流であると同時に，トルコの公正発展党（AKP）と関係が深い。トルコとイスラエルとは宿敵関係。トルコのガザ（ハマスがガザ地区を支配する）支援船団がイスラエル軍に襲撃され

た事件後，とくに激しい非難の応酬合戦が繰り返された。
　トルコが騒乱後の中東で影響力を強めても決して不思議ではない。これまではエジプトが中東諸国を先導し，方向づけてきた。トルコは中東で唯一，民主主義が機能している国ではある。しかしながら，エジプトでトルコに酷似する政権が誕生すると，その役割を期待できなくなる。エジプトとトルコとが正義や民主主義を中東世界に輸出できるか[13]。中東世界が新たに構築される新秩序に対して前向きに取り組めるか。余りにも先行きが不透明過ぎる。
　イスラエルにとってエジプト，ヨルダンとの平和条約は自国の安全弁だった。ゆえに，シリア，レバノン，イランに睨みを利かせることが可能だった。イランは公然とシリアやレバノンのイスラム教シーア派組織ヒズボラを支援。レバノンは親米国家であるけれども，挙国一致内閣が崩壊し，政治的危機が続いている。エジプトでムスリム同胞団主導の政権が誕生すれば安閑とはしていられない。イスラエルが第3次中東戦争（1967年）の戦利品として獲得した東エルサレムを手放すはずはなく，加えて，入植地建設を断念するはずもない。都市部に住民が集中するイスラエルにとってユダヤ人入植地建設は死活問題だ。
　イスラエルはアラブ諸国の国家首脳や民衆と和解の道を探るだろうか。正論であっても，現実には不可能な選択だ。独立国家パレスチナの樹立は大いなる欺瞞に過ぎない。包括的中東和平が進展することなど考えられない。逆に，中東世界では冷戦終結後で最も不安定な時代へと突入していくであろう。中東世界は今もって世界の火薬庫なのである。
　ホワイトハウスはイスラム世界で唯一，北大西洋条約機構（NATO）に加盟するトルコのエルドアン政権との関係を重要視せざるを得なくなる。その一方でイスラエルを擁護しなければならない。ワシントンの中東戦略は根本から見直しを迫られる。米国の外交政策では表面的には人権と民主化が重要視されてきた。他方で，イスラエルの後ろ盾になると

I 中東騒乱は安定と民主化をもたらすか

同時に，湾岸協力会議（GCC，イラン革命阻止の君主同盟）加盟産油国の防衛にも注力してきた。

　ところが，こうした二刀流は通用しないかもしれない。米国内のユダヤロビーや軍産複合体は今もって強靭な勢力，大統領選の票田をもつ。ホワイトハウスはこうした綱渡り的な神業外交を成し遂げられるか。民衆蜂起によるイスラムの目覚めに脅えるイランではあるが，影響力拡大の好機と捉えて，シリアやイスラム原理主義組織との関係を深化させるだろう。

　中東世界で一気に民主化と安定が進展するとは到底思われない。イラクが中東民主化の手本となるはずだった。しかし，論より証拠。現在のイラクで民主的な政治が機能しているか。独裁者が追放されても新たな独裁者が誕生する可能性すらある。中東世界はさまざまな部族からなる砂鉄社会。統括するには強力な磁石が必須。独裁者がこの磁石の役割を果たしてきた。この磁石の存在が消滅した今，一体全体，誰がその代役を務めるのか。中東騒乱の主役はカリスマなき民衆。ネットではカリスマの役目を果たせない。強力な指導者とそれを支える強固な組織が不可欠だ。国際政治の世界は一寸先が闇。中東に新しい秩序が形成されるには相当程度の時間を要する。原油資源を全面的に中東に依存する日本は翻弄されるだけなのか。

　中東の騒乱がペルシャ湾岸産油国に飛び火し，政権が転覆する事態に至れば，原油価格は軽く1バレル250ドルを突破する。東京の官邸にその備えはあるのか。危機管理の基本は最悪の事態に備えること。東京電力福島第1原子力発電所事故で官邸は思い知ったことだろう。犠牲者が日本の納税者であることを肝に銘じてほしい。

2 チュニジア・ジャスミン革命の行方

　急転直下。チュニジア（首都チュニス）の象徴的な花から命名されたジャスミン革命で脆くもベンアリ政権が崩壊した。ベンアリ氏は1987年の無血クーデターで当時の独裁者を追放し，チュニジアの頂点に立った。その人物が今度は政敵ではなく一般民衆に追放された。23年間に及ぶベンアリ政権の幕が閉じた。ベンアリ前大統領の与党は立憲民主連合（RCD）であった。しかし，チュニジア国民はRCD主導の政権を認めない。早速，同国最大規模の労働組合であるチュニジア労働総同盟（UGTT）が救国内閣の設置を要求した。また，非合法扱いされてきたイスラム系政党のアンナハダが合法化され，政権に参加する見通しとなった[14]。チュニジアの裁判所は2011年3月9日に，政治活動を禁じられていたRCDの解党を命じている[15]。チュニジアでもイスラム原理主義の勢力が伸張することだろう。

　2011年1月17日に新政権が成立し，メバザア下院議長が暫定大統領に就任。ガンヌーシ首相は辞任し，首相ポストのバトンはカイドセブシ氏の手に渡った。カイドセブシ氏はフランスから独立を果たした初代ブルギバ大統領の下で外務大臣や国防大臣を歴任した。国民からは信頼されているようだが，残念なことに84歳という高齢。大統領選，議会選後に本格政権が成立するまで乗り切れるかどうかは未知数である。また，憲法を制定する憲法制定議会の議員選挙は11年7月24日。政変後のエジプトと比較すると，後出に回った感がある[16]。

　チュニジアがフランス語圏であること，エジプトと同様に親米穏健路線が貫徹されてきたことと同時に，政府が積極的に製造業誘致を推進してきたこともあって，数多くの外資系企業が進出している。旧宗主国のフランスからは衣料品のイブ・サンローラン，同じく衣料品のラコステ，

通販のトロワスイス，携帯電話のフランステレコム傘下オレンジが参入。イタリアのベネトンや米国のカルバン・クライン，それにスペインのザラといった衣料品大手も進出している。日本からは矢崎総業，YKK，NECがチュニジアで事業展開する[17]。

チュニジア当局は観光開発にも力を入れてきた。欧州のリゾート化を目指したのであった。他の中東諸国とは違い，チュニジアは目立ったエネルギー資源に恵まれない。このために観光立国や製造業誘致に積極的に取り組んできた。その甲斐もあって国民1人当たり国内総生産（GDP）が過去10年間で倍増，4,100ドルとなった。10年の経済成長率は3.8％と堅調な成長を遂げている。とはいえ，既述のとおり，失業率は13％に上る。本格政権が若年層の失業を解消して不満を緩和できるか。どのような路線を標榜するか。先行きには不安定要素が充満している。

ただ，チュニジアの識字率は高い。次期政権を担う指導者やその組織が早期に定着する可能性はある。この点が他の中東諸国と異なる。実は，チュニジアで民衆蜂起が巻き起こっていた最中，米国のクリントン国務長官は90年に南北が統一されたイエメン（首都サヌア）にいた。古代ローマ人はイエメンを幸福のアラビアと呼んだ。3,000キロメートル級の山々が連なり，そこにインド洋からのモンスーン（季節風）が吹く，特異な気候に恵まれる[18]。だが，今ではアラビア半島の最貧国に成り下がってしまった。この国にアラビア半島のアルカイダ（AQAP）が潜伏していることは今や周知の事実。ワシントンが軽視できる国ではない。

イエメンのサレハ大統領もご他聞に漏れず独裁者，32年間に亘って君臨してきた。13年に実施予定の次期大統領選には出馬しないと明言したとはいえ，政権側が反政府勢力に武力攻撃し，死傷者が出る由々しき事態となった[19]。その一方でサレハ大統領に代わる有力指導者も見当たらない。サレハ政権が転覆した後，安定と民主化が進むとは誰も断言できない。米国が好む民主国家に脱皮できる保証もない。この点でチュニ

ジアは違う。程度の差こそあれ，中東世界の政治状況はイエメンに似ている。イラクの民主化失敗が先例であることは指摘するまでもないだろう。

3 ポスト・ムバラク政権が中東世界の命運を左右する

　固唾を呑んで世界中がムバラク退陣劇を見守った。平家物語の冒頭には驕れる人も久しからずと記されているが，ムバラク政権は29年間に亘る長期政権だった。一国の通史では29年は短い。だが，人間の寿命を考慮すると29年は余りにも長すぎる。エジプト国民でムバラク氏を敬愛したものは少ない。といって，ムバラク氏が当初から嫌われていたわけではない。否，かつてはエジプトの英雄だった。

　ムバラク氏は1928年，エジプト北部のメヌフィヤ県（ナイル川デルタ地帯）にある中流層の家庭で産声を上げた[20]。52年には自由将校団による軍事クーデター（副王ファールーク追放）で王制が打倒される。その中心人物が国民から敬愛されたナセル大統領だった。ムバラク氏は王制打倒クーデターの生き証人。軍が権力の中枢に鎮座する様を目の当たりにみただろう。事実，エジプトでは軍が最も強大な組織である。常に国民と一体の存在となった。ムバラク氏も軍への入隊を決意する。49年に空軍士官学校を卒業後，72年には空軍司令官に就任。翌年の第4次中東戦争でイスラエル電撃作戦を立案した。エジプトはイスラエルからシナイ半島を奪還。ムバラク氏は国家の英雄と讃えられた。病気で急死したナセル大統領の後継者となったサダト大統領がこの英雄を抜擢，75年に副大統領に任命した。空軍の再建に尽力したという。

　イランのイスラム革命で世界中が騒乱の渦に巻き込まれる中，当時のムバラク副大統領は79年3月のキャンプデビッド和平協定（Camp

David Accord）締結で実力を発揮する[21]。アラブ世界で初めてイスラエルを承認した。アラブ世界からは敵視されたが，アラブ世界の先頭に立ってイスラエルと国交を樹立した褒美として，エジプトはワシントンから軍事援助が供与されるようになる。75年以降，690億ドル以上の援助がエジプトに付与されてきた[22]。

名実ともにエジプトが旧ソ連と決別し，西側世界の一員になった瞬間だ。以後，米軍はエジプト軍と緊密な関係を築いていった。イスラエルはアラブ諸国がエジプトと歩調をあわせていれば脅威を感じない。イスラエル北部防衛に集中できる。エジプトが中東戦争再発を抑止する安全弁としての役目を担った。加えて，現在ではスーダンからシナイ半島経由でイスラエルに難民が流れ込むことを防ぐ緩衝地帯でもある[23]。平和条約を基盤にエジプト，イスラエルの両国とも経済力を強化することができた。ところが，アラブ世界は本質的に反イスラエル。サダト大統領は81年にイスラム過激派に暗殺された。これを受けて，エジプトには非常事態宣言が発令される。後にこの非常事態法が野党弾圧や敵対勢力拘束の盾となる。

同じ81年，ムバラク副大統領は大統領に昇格。87年の大統領選で再選されたムバラク氏はアラブ世界との関係修復に注力する。これが奏功してエジプトは89年にアラブ連盟に復帰。エジプトが中東・アラブ世界の盟主であることを世界中にみせつけた。91年の湾岸戦争では多国籍軍に参加することを決断，米国の同盟国であることを態度で示した。と同時に，イスラエルとの交渉やパレスチナ自治政府とイスラム過激派との仲介といった難事業をこなしてきた。

93年の大統領選でも再選され，95年にはエチオピアで暗殺未遂事件に直面するが，一命をとりとめた。99年の大統領選でも再選，ムバラク独裁体制が強化される。しかし，国際社会が独裁体制を批判，民主化を推進するようムバラク氏に忠告した。エジプト国内でも長期政権を批判す

るデモが頻発する。05年2月に大統領選での複数候補制が導入されたけれども，所詮は出来レース。反対勢力を徹底的に弾圧することで同年9月に実施された大統領選で再選された。07年には憲法が改正され，一方的な議会解散権が大統領に付与された。10年11月に実施された議会選では最大野党のムスリム同胞団が無効を訴え，ボイコット。その結果，与党・国民民主党（NDP）が90％の議席を獲得した。軍とNDPを権力基盤とする強権体制がここに仕上がった。

　言論の自由を著しく制限，報道を統制したことで，ムバラク氏はファラオ（古代エジプトの王）とおそれられた。その意図はムスリム同胞団の壊滅にあった。ロシアの政治地図に酷似する。ただし，エジプトの父・ナセル大統領でさえもムスリム同胞団を1954年に非合法化し，徹底的に弾圧していたことを敢えて付言しておきたい。開発独裁の典型的な事例をエジプトに見いだすことができる。

　独裁体制下で長期間，最高ポストの椅子に座り続けると，尋常な判断能力を喪失し，大統領ポストに固執するようになる。巨万の富が内外から舞い込んでくるから辞められない。正常な神経は麻痺状態となる。治安当局に拘束されることをおそれて，国民は身を潜めて生活しなければならない。当然，閉塞感が充満する。ジャスミン革命を契機にエジプト国民の不満が一気に噴出した。2月11日，やむなくムバラク氏は大統領を辞任，家族とともにカイロを逃げ出し，紅海沿岸の保養地シャルムエルシェイクに移った。32年前の同じ日にはイランで王制が倒れたことを特記しておきたい。

　ムバラク退陣後，逸早く政権の空白を埋めたのが国軍最高評議会。即座に大統領権限が軍最高評議会に移譲された。その議長を務める人物がタンタウィ国防相[24]，生粋の軍人である。タンタウィ議長が対外的に国家を代表し，内閣が存続する。シャフィク首相が辞任し，後任にはシャラフ元運輸大臣が就任した。シャラフ新首相は外相，内相，法相，石

油相など主要閣僚を更迭，旧政権との決別を強調した[25]。

　エジプトでは軍最高評議会主導で反体制派も巻き込みながら，本格政権が樹立されることになる。すでにエジプトでは憲法が停止され，議会が解散されている。この暫定政権（憲法改正委員会）が国民投票によって憲法を改正し，大統領選挙と人民議会（国会）選挙を実施する[26]。憲法改正案への賛否を問う国民投票では賛成票が有効投票数の77％に達し，改正案は可決されている。改憲で大統領の任期は最長で2期8年に制限される。選挙を経て民政移行が行われる。合法化されたムスリム同胞団の候補者が総選挙に出馬し，政治に参加していくことになる。エジプトの政治が国民不在から国民主役に転換できるか。

　本来ならば，軍の登場は市民革命失敗を意味する。ただ，エジプトの場合，軍と国民とは一体。軍部では民主的な制度が確立されている。トルコでも軍が世俗派を代表する。軍が一種のバランサー的役割を果たしている。エジプトでトルコ型の政権が誕生することが理想的かもしれない。欧米型の民主主義は定着しないだろう。それでも，軍とそれを取り巻く勢力の既得権は温存される。

　エジプト軍はイスラエルとの平和条約を遵守すると言明した。ワシントンの拠り所はこの軍しかない。エジプト・イスラエル平和条約の破棄はホワイトハウスにとって悪夢。49年の中国共産党政権成立，ならびにイラン王制崩壊と同じ衝撃がワシントンを襲うことだろう。ホワイトハウスは平和条約破棄を阻止したい。と同時に，自由で公平な選挙が行われた結果，パレスチナ自治区で実施された選挙結果である過激派イスラム原理主義組織ハマスの圧勝（06年）やレバノンのヒズボラ圧勝（05年）と同じ現象を回避したいだろう[27]。国際テロ組織アルカイダがムスリム同胞団を洗脳するメッセージを発し，同胞団が操られる可能性も除去しておきたい[28]。新たに創設されるかもしれない世俗派政党が主導する選挙結果を望んでいるはずだ。

中東で最大の市場を有するエジプトであるが，公式統計で労働力の44％が文盲で，54％がインフォーマルセクターで従事しているという[29]。このような国で民衆蜂起が起こり，強権体制が打倒された。デモにはネット情報が駆使されたというが，エジプトの識字率は低いがゆえにデモを呼びかけた層はネットを利用する知識人であったということになる。ここに民衆が群がったのだろう。年間70万人の雇用を創出する必要があると述べたが，それと並行して教育・訓練制度を充実する必要がある。

　過去10年間，エジプト経済は年率平均で5％以上の成長を遂げてきた[30]（図表Ⅰ-4参照）。しかし，国民1人当たりGDPは2,800ドル（2010年推計）に過ぎない。人材開発や構造改革を急がないと，貧困や失業の問題を解決できない。貧困と失業を解消するには最低でも年率で6-7％の成長が要請されるという[31]。

　日本とエジプトとの貿易は物理的な距離もあって活発とはいえない。10年実績でみると，日本からエジプトに1270億円分が輸出され（主に一般機械や自動車），エジプトからは400億円分が輸入されている（主に燃料）に過ぎない[32]。日本はエジプトに政府開発援助（ODA）を供与してきたが，日本とエジプトとの経済関係は希薄である。ただ，エジプト

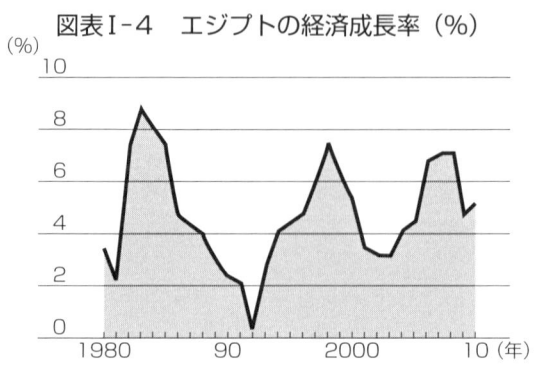

図表Ⅰ-4　エジプトの経済成長率（％）

出所：*Financial Times*, February 17, 2011.

Ⅰ　中東騒乱は安定と民主化をもたらすか

が観光資源に恵まれていることは小学生でも知っている。

　97年に起こったルクソール・テロ事件では日本人も犠牲になったが，エジプトにとって観光業は一大産業である。エジプトの歴史が貴重な遺産を生み出した結果だ。エジプトの観光客は年間1,200万人に達する。観光業がエジプトGDPの11％を創出し，雇用の13％，すなわち180万人を吸収する。間接的に観光業に依存する層も加えると500万人に上るという(33)。ちなみに09年度の観光収入は115億9,000万ドル，10年第3・四半期のそれは37億ドルに及ぶ(34)。今回の一連の騒動で120万人の観光客を失い，10億ドルの損失を被ったという(35)。エジプト経済にとって観光収入や外国送金は生命線だ。

　損害は観光産業のみに留まらない。今回の騒乱でエジプトの株価が暴落したことに加えて，通貨エジプトポンドも叩き売られた。エジプトの外貨準備金は360億ドル(36)。これを原資として中央銀行がドル売り介入してエジプトポンド下落に対抗したが，6年ぶりの安値を更新した。エジプトから大量の資金が流出したことを物語っている。経済のドル化が進む可能性も浮上する。エジプトのカントリーリスクが一段と悪化したといえよう。国際決済銀行（BIS）によると，エジプト向け与信（融資と債権保有）はフランスが159億ドル，旧宗主国の英国が104億ドル，イタリアが60億ドルである(37)。エジプト国内金融機関の債務総額は460億ドルに達している(38)。欧州各国の金融機関は戦々恐々としていることであろう。革命の副作用である。

　中東騒乱を契機に経済不安によって新興国全体から資金が引き揚げられた。いわゆる連想売りが膨らんだ(39)。政治経済不安が続けば，外国直接投資（FDI）が流入しない。また，エジプト新政権が大衆迎合的な政策を強いられれば，財政赤字削減は不可能となる。付加価値税（VAT）導入や補助金削減が絶望的となるからだ。

　案外知られていない事実だが，エジプトは原油と天然ガスに恵まれる。

エジプトの産油量は11年1月実績で日量74万4,000バレル，天然ガス生産量は同じく627億立方メートル。天然ガス生産のうち130億立方メートルが液化天然ガス（LNG）として輸出されている。ちなみに，日本もエジプトからLNGを調達している。外資系石油企業がエジプトのエネルギー資源産業に進出して，開発・生産に携わっている。たとえば，英系国際石油資本（メジャー）のBPは日量10万バレルの原油を産出する。

　その大半が紅海のオフショア（海底）生産だ。原油は紅海沿岸部にあるアイン・スフナターミナル港からスメド石油パイプラインで地中海沿岸部にあるシディ・ケリルターミナル港（アレクサンドリア北西）まで輸送される。このパイプラインの総延長は220マイル，送油能力は日量250万バレルである。エジプト石油公団（出資比率50％）やサウジアラビアの国営石油会社サウジアラムコ（同15％）などが出資した合弁企業が管理・運営する。07年実績で日量230万バレル，09年実績では同110万バレルの原油がこの石油パイプラインで運ばれた。エジプト産以外の原油も運ばれているのだろう。また，紅海海底産の原油は石油タンカーでも輸送される。スエズ運河経由で09年実績・日量57万3,000バレルの原油が運ばれている。LNGもスエズ運河経由で欧州市場に輸送される[40]（図表Ⅰ-5参照）。

　つまり，双方とも紅海に眠る貴重なエネルギー資源の大動脈。この大動脈が寸断されれば，自ずとエネルギー資源価格の上昇要因となる。殊に，スエズ運河は世界経済全体のライフライン。09年実績で紅海側から地中海に日量100万バレル，また，地中海側から紅海に同じく80万バレル，合計同180万バレルに相当する石油（原油と石油製品）がタンカーで輸送されている。スエズ運河が封鎖されれば，アフリカ大陸最南端の喜望峰ルートを利用せざるを得ない。スエズ運河，すなわちエジプトは世界経済にとっての要衝地だ。

　既述のとおり，エジプトでは人口が爆発的に急増していると同時に，

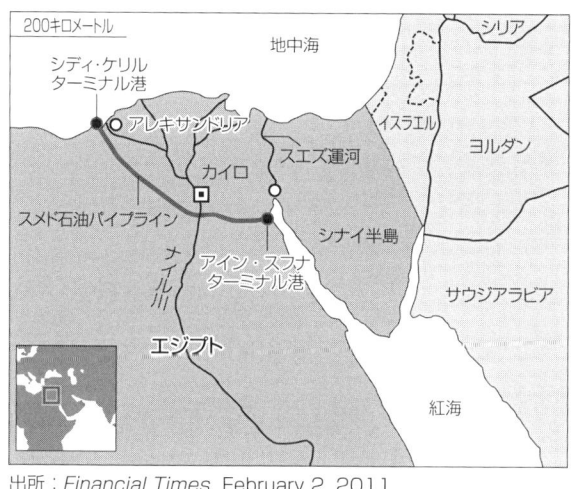

I 中東騒乱は安定と民主化をもたらすか

図表 I-5　スエズ運河とスメド石油パイプライン

出所：*Financial Times*, February 2, 2011.

経済成長率は年率平均5％が維持されてきた。これは電力需要も増加していることを示唆する。エジプトからは原油も天然ガスも産出されるが、国内向けと輸出向けとの需要に応答するには国内に原子力発電所を建設する必要がある。実際、ムバラク政権は原発を導入する方針でいた。出力100万キロワット級の原発が人口の密集する地中海沿岸部に建設される計画だった[41]。40億ドルが投下され、17年稼動の予定だった。原子炉型式については加圧水型軽水炉（PWR）[42]が採用されることになっていた。新政権も原発建設にゴーサインを出すのか。関係者の懸念材料となっている。

中東ではトルコを筆頭に原発導入計画を打ち出す国が相次いでいる。地中海側のアックスに建設予定の原発（出力480万キロワット、200億ドル規模）は、ロシアの原子力国策企業であるロスアトムが建設を担当している。黒海側のシノプに建設予定の原発（出力560万キロワット、2018-19年稼動予定、200億ドル規模）建設には日本勢が食い込める公算

だ。トルコの経済成長率は10年実績で8％だったが，電力需要も年率8％増で推移している。トルコはエネルギー需要の75％を輸入に頼る[43]。旺盛な電力需要を満たすには原発の建設が不可欠だとトルコ政府が判断したのだろう。

30年までに中東・アフリカ地域で100万キロワット級の原発が60基も建設される見込みだという[44]。アラブ首長国連邦（UAE），ヨルダン，クウェート，トルコ，サウジアラビア，エジプトといった中東諸国が原発導入を計画している。UAEでは韓国系企業が原発4基の建設を受注した[45]。日系関連企業にとって絶好の商機となる。日本政府は原子力協定・協力文書[46]締結を急いでいる。この方針に異論はない。しかしながら，福島第1原発事故で原発建設反対の声が世界的に大きくなる可能性はある。

中東諸国は原発導入とあわせて，太陽光，太陽熱の発電プロジェクトも推進すべきではないか。一部にそのようなプロジェクトが立案されているが，実現していない。研究・調査目的でバルカン半島に位置する小国アルバニアに滞在していた際，休暇を利用してアルバニア系知人が外交官を務めるエジプトに立ち寄ったことがある。親切にも乗用車でエジプト観光に連れ出してくれた。しかし，その暑さは破格。昨年，日本の夏も酷暑に見舞われたが，あの比ではない。髪の毛が焼けるのではないかと思うくらいの灼熱地獄。ピラミッドやスフィンクスの見学を断念して，冷房の効く自動車に慌てて逃げ込んだ経験がある。砂漠地帯の恐ろしさを体験した。

砂漠地帯は太陽光，太陽熱発電に最適だ。国際プロジェクトとして立ち上がっている案件にエジプトも積極的に取り組めばいかがか。国内需要を満たすだけでなく，地中海海底の高圧線で周辺諸国にも電力を輸出でき，外貨獲得源に仕立て上げることができるだろう。新興国には国境を跨ぐ大規模プロジェクトが必要ではないか。人材育成を所与として，

労働力を吸収する受け皿となる。

4 産油国リビア動乱の衝撃

　民衆蜂起から短期間で政権転覆に至ったチュニジアやエジプトと違い，リビアの最高指導者カダフィ大佐は外国人傭兵（雇い兵）を多数使って，あくまでも徹底抗戦の構えを崩さなかった。その統治期間は実に41年間に及ぶ。政権側がリビア西部，反体制側が同東部をそれぞれ支配する，さながら東西分断の様相を呈した。リビアの人口は642万人（有力部族が100万人）と少なく，しかも外国人労働者が多数在住する。

　ここから西隣のチュニジアに8万5,000人が，東隣のエジプトには6,000人が避難民になって溢れ出た。さらに1万人が避難民となるおそれがある(47)。政権側が砦とした首都トリポリが位置する西部の国民が多数，チュニジアに避難した事実が浮き彫りとなった。カダフィ大佐の暴挙から逃げ出したかったのだろう。何よりも国際社会がカダフィ大佐の即時退陣を要求，リビア上空に飛行禁止区域を設定すると同時に(48)，立憲国家建設を支援する姿勢を鮮明にした。

　政権側がトリポリとその周辺主要都市を死守すると同時に，東部の都市にも空爆で打撃を与え，奪還の姿勢を強めた。中部に位置するリビア最大の石油関連施設（リビア最大の製油所・石油積み出し施設・石油パイプライン）を有する都市ラスラヌフやその近郊のブレガを巡っても，政権側治安部隊と反体制側部隊とが鍔迫り合いを演じた。産油国の場合，上流部門から下流部門のすべてを掌握することが至上命令となる。油田からパイプライン，製油所，石油積出港に至る一連の施設を支配しなければオイルマネーを生み出さない。リビア最大の油田はサリル油田，最大のターミナル港はエス・シデル港(49)。こうした拠点を支配できるか

どうかが戦局に大いに関係する。

　他方，反体制側はリビア第2の都市であるベンガジ（人口80万人）を拠点とした。リビアではこのベンガジが抗議デモの起点となった。カダフィ政権に対抗する連合組織，すなわちリビア各地の反体制派グループを束ねる組織として国民評議会を設立し，ポスト・カダフィ体制，すなわち暫定政権樹立の受け皿とした。その代表にはカダフィ政権時代に司法書記（法相）を務めたアブドルジャリル氏が就任。アブドルジャリル議長は国際社会に政権側への空爆を要請するとともに，国民評議会を承認するように求めた。反体制側は暫定政府樹立の準備も進め，首相に戦略専門家のマハムード・ジェブリル氏が起用され，財務相代行には欧米に広く人脈をもつアリ・タルフーニが指名された。危機管理委員会も設置。政治と軍事の双方を統括する準備も整えた。軍事的には反体制側は東部から西部へと支配地域を広げる戦略を駆使した。これに呼応して，国際社会は国民評議会を政治的に正統な対話の相手と位置づけるようになる。

　カダフィ大佐の出身地は中部のシルト。カダフィ大佐はシルトを第2の首都として政府関連設備などを整備，精鋭部隊も配置していた。カダフィ大佐が所属する部族がシルト防衛態勢を敷いた[50]。ラスラヌフを死守し，かつシルトを支配できるかがリビア統治の焦点となった。長期戦に突入すると反体制側が不利な状況に陥ってしまう。事実，反体制派が拠点としてきたリビア東部もカダフィ政権側が攻略，挽回したことから，反体制側は劣勢に立たされた。これに乗じて政権側は反体制派に停戦・投降を呼びかけた。

　それゆえに反体制側がカダフィ退陣を迫るとともに，アリ・エサウィ駐インド大使を事実上の外相に任命して国際社会と接触を図るなど，カダフィ大佐の無力化，つまり包囲網を着々と築いていった[51]。外資系石油企業のなかには反体制派と接触した企業もある。反体制派承認につ

Ⅰ　中東騒乱は安定と民主化をもたらすか

いてはフランスが率先した。フランスは限定的な空爆とカダフィ政権司令部の通信妨害を提案するとともに，大使をベンガジに派遣する方針を固めていた[52]。一方，米国は空母エンタープライズ，強襲揚陸艦キアサージ，輸送揚陸艦ポンスといった艦船をリビア付近に展開した[53]。

　これに先立って，国際社会は対リビア経済制裁に踏み切り，カダフィ大佐一族や政府高官の資産を凍結した。その対象はリビアの政府系投資ファンド（SWF）・リビア投資庁（LIA）やLIAが管理するリビア・アラブ・フォーリン・インベストメント・カンパニー（LAFICO）に広がった。LIAは06年に創設され（LAFICOは米国の金融制裁に対抗すべく1981年に創設），運用資産規模が600億-800億ドルに達するといわれる（LIA単独では650億ドルとされる）。この資産総額はカタールのSWFに匹敵し，かつリビアGDPの75％に相当する規模だ。総資産のうち15億ドルが公開株に，80億ドルが長期投資にそれぞれ充当されているという[54]。アフリカや中東の不動産にも投資している模様だ[55]。

　その出資先の一部を紹介しよう。イタリアの銀行大手ウニクレディット（資産規模でイタリア最大手銀行）には2.5％，リビア中央銀行の出資分4.9％も含めると7.4％を出資，大株主となっている。イタリア・サッカーリーグの名門チームであるユベントスにかつてカダフィ大佐の3男（サーディ・カダフィ）が所属していた経緯がある。この縁でLAFICOがこのチームに7.5％を出資する[56]。

　また，『フィナンシャル・タイムズ』の親会社となる英国のメディア大手ピアソンにも発行済み株式の3.27％を保有，やはり大株主となっている。なお，ピアソンは国連安全保障理事会によるリビア制裁にともなう措置として，LIA保有株の配当支払いを一時停止すると発表している[57]。加えて，LIAはイタリアの航空防衛フィンメッカニカに2.01％を，同じくイタリアの炭化水素公社（ENI）には2％未満をそれぞれ出資。自動車大手フィアットにはLAFICOが2％未満を出資している。あわせ

て，ロシアのアルミ世界最大手ルースアルにも１％を出資する。

　イタリアが凍結したリビア関連資産は30億ユーロ強，一方米国による凍結額は320億ドル（米系銀行大手や米系企業の株式など）に達する。英国はカダフィ大佐やその側近の資産，ならびにLIA関連資産20億ドルを，カナダも24億ドルをそれぞれ凍結した(58)。

　ただ，資産凍結の副作用も考えられる。リビア国内が流動性不足に陥ることは当然であるが，凍結を実施した国にもその余波が及ぶ。イタリアはリビア最大の貿易相手国。既述のとおり，イタリア系企業が多数リビアで事業展開してきた。リーマン・ショック後，窮地に陥ったイタリアの金融機関に出資し，救済したのは他ならぬリビアだった。

　それだけではない。リビア中央銀行が所有するリビア外国銀行。このリビア外国銀行はローマに本社をおくバンカUBAE（預金総額22億4,000万ユーロ）に67.5％を出資，筆頭株主となっている。バンカUBAEはリビア産原油・天然ガス輸出収入を取り扱っている。イタリアは天然ガス輸入の10％，原油輸入の25％をリビアに依存。バンカUBAEがこの重要な決済任務を果たしてきた(59)。

　この1972年に創設されたバンカUBAEには，ウニクレディットが10.8％，ENIが5.4％，インテサ・サンパウロ（イタリア系銀行）が1.8％，テレコム・イタリアが1.8％をそれぞれ出資する。イタリアとリビアとの経済関係が銀行や企業に投影されていることがおわかりいただけよう。この関係が切断されてしまうのか。早晩，樹立される新政権の意思決定がここに作用する。

　イタリアだけでなく，欧州諸国は北アフリカ諸国と積極的に経済関係を強化し，支援してきた。これは独裁者を支援してきたことと同義である。欧州連合（EU）による2007-10年の援助実績はモロッコ６億5,400万ユーロ，エジプト５億5,800万ユーロ，チュニジア３億ユーロ，アルジェリア２億2,000万ユーロ，リビア800万ユーロとなっている(60)。この

一部が独裁者やその側近の蓄財に流れたとも考えられる。EUの外交方針が今後，修正を余儀なくされるのか。北アフリカに樹立される新政権とどのように向き合っていくのか。EUの外交戦略が問われることになる。

中東・北アフリカ地域の産油国によるSWFの資産は1兆5,000億ドル以上に及ぶ。オイルマネーの国際的な還流の原動力となっている。ところが，これが凍結されると，オイルマネーが円滑に循環しなくなるおそれが生じる。受け入れ企業はさぞかし困惑していることだろう。オイルマネーが石油市場に流れ込むと，原油価格が一段と高騰することは必至だ。

周知のとおり，リビアは世界屈指の産油国。原油確認埋蔵量は464億バレルで世界第8位，産油量は日量158万バレル（11年1月実績，世界全体日量9,000万バレルの1.4％[61]）で世界第18位。埋蔵量ではアフリカ最大を誇る。日量130万バレルのリビア産原油が輸出されてきた[62]。

リビア産原油の優位性はその品質にある。軽質で硫黄濃度が低いライトスイートで，サウジアラビア産と比べると格段に高品質だ。北海ブレント原油やナイジェリア産，アンゴラ産に品質が近い。この点でサウジアラビア産の原油がリビア産に取って代われない[63]。

産油国であるために，他の北アフリカ諸国と比較すれば，リビア経済は比較的豊かである。国民1人当たりGDPは1万2,100ドル（10年推計）で，エジプトの2,800ドルよりもかなり高い[64]。

リビアの石油産業を独占してきた企業はリビア国営石油会社（NOC）だが，外資系石油企業も数多くリビアに進出してきた。たとえば，イタリアのENI，フランスのトタル，ノルウェーのスタトイル，オーストリアのOMV，英蘭系のロイヤル・ダッチ・シェル，ドイツのBASF，英国のBP，スペインのレプソルYPFなど名高い石油企業が油田開発に携わっている。

リビア産原油の主要輸出市場は欧州，原油輸出の85％が欧州に向けて

出荷されている[65]。具体的に列挙しよう（09年実績）。イタリア32％（リビア産原油輸出全体に占める割合，以下同様），ドイツ14％，中国10％，フランス10％，スペイン9％，米国5％，ブラジル3％，その他欧州14％，その他アジア4％[66]。南欧諸国で半分以上を占めていることがわかる。日本はリビア産原油を一滴も輸入していない。反対に，中国は原油輸入全体の3％をリビアに依存する。北京がリビア制裁を躊躇したのはこのためである。

　中国がエネルギー源を求めて世界中の権益を買い漁っていることは今や周知の事実。原油の外国依存度は09年に50％を突破した。中国石油天然ガス（CNPC）はカナダの天然ガス最大手であるエンカナから同国の天然ガス権益を54億カナダドル（4,500億円）で買収，CNPCとして最大の買収金額となった。CNPCの子会社となるペトロチャイナがエンカナと折半出資で合弁企業を設立する。CNPCは最近でもロイヤル・ダッチ・シェルと共同でオーストラリアの資源会社アロー・エナジーを34億オーストラリアドル（2,800億円）で買収している。

　また，中国石油加工（シノペック）は米系石油大手のコノコフィリップスからカナダのオイルサンド事業を買収するとともに，スペインのレプソルYPFからはブラジルの権益40％を71億ドルで，アルゼンチンの権益を米系石油大手オキシデンタル・ペトロリアムから24億5,000万ドルでそれぞれ買収している。加えて，中国海洋石油（CNOOC）は英BPから南米の権益を70億6,000万ドルで買収している[67]。

　ところが，戦闘の激化でリビア産原油の生産が大幅に激減，その輸出がほぼ停止した。リビアでは東部と西部の原油生産規模はほぼ同じである（図表Ⅰ-6参照）。カダフィ政権が東部奪還に躍起となったのはこうした事情が背景にある。あわせて，天然ガスの輸出も全面停止した模様だ。リビアNOCのガネム元総裁はリビアの原油生産量が日量50万バレルに落ち込んだことを明らかにしている[68]（図表Ⅰ-7参照）。

I　中東騒乱は安定と民主化をもたらすか

　世界市場からリビア産原油が吹き飛んだことに加えて，北海油田の生産量が減少していることも相まって原油の国際価格が急騰。国際指標の1つとなる北海ブレント原油[69]は1バレル100ドルを突破した（図表I-8参照）。リーマン・ショック直前，すなわち08年8月以来の高値である。リビア産原油と同品質のアルジェリア産原油（産油量は日量127万バレル）も吹き飛べば，1バレル145ドルを突破するおそれが生じた[70]。リビアの石油産業が正常な状態を回復するには相当程度の時間とコストとをともなう。中東産油国の確実性それ自体が終焉を迎えたと覚悟を決めておくべきだろう。

　リビア産原油が市場から消えた空白を埋める必要がある。早速，石油輸出国機構（OPEC）の盟主サウジアラビアが日量40万バレル分の増産を表明，同国の産油量は同900万バレルとなった[71]。その後，同じくOPEC加盟国であるクウェート，UAE，ナイジェリアの3カ国が合計日量30万バレルを増産すると表明している[72]（図表I-9参照）。

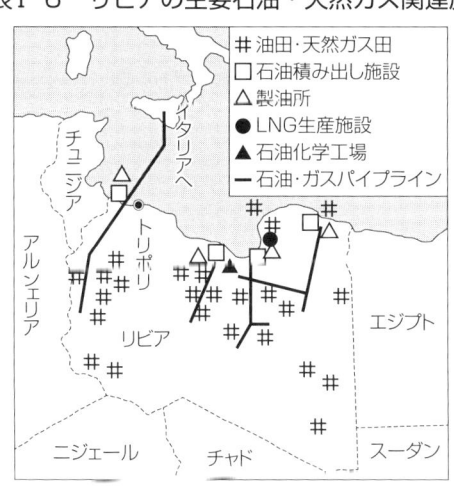

図表I-6　リビアの主要石油・天然ガス関連施設

凡例：
♯ 油田・天然ガス田
□ 石油積み出し施設
△ 製油所
● LNG生産施設
▲ 石油化学工場
― 石油・ガスパイプライン

出所：『日本経済新聞』2011年2月24日。

図表Ⅰ-7　リビアの原油生産量（単位：日量100万バレル）

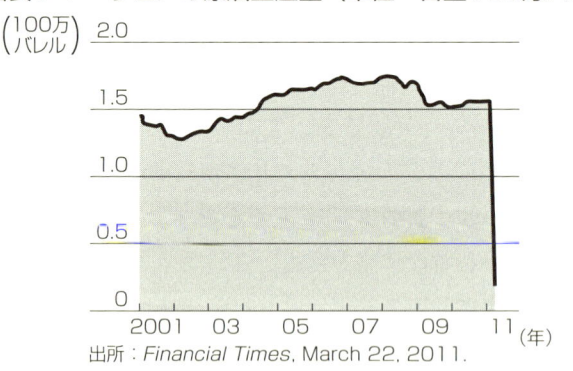

出所：*Financial Times*, March 22, 2011.

図表Ⅰ-8　北海ブレント価格の推移（1バレル当たり）

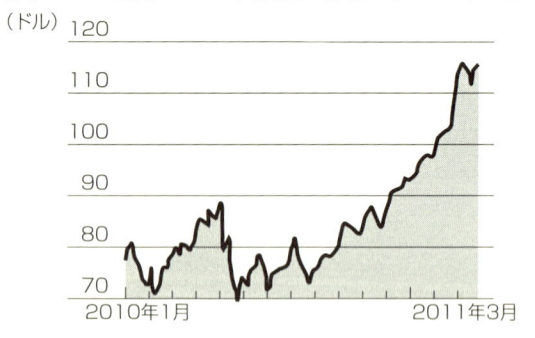

出所：図表Ⅰ-7と同じ。

　確かにOPEC原油生産余力は日量430万バレル（うちサウジアラビアのそれが同310万バレル，カタール同18万バレル，クウェート同23万バレル，アンゴラ同30万バレル，UAE同33万バレルなど[73]）で産油量の面では余裕がある[74]。とくに，世界石油市場の中央銀行と評価されるサウジアラビア（原油生産能力は日量1,250万バレル）の生産余力は潤沢だ。
　だが，サウジアラビア産の原油は品質面で劣る。と同時に，増産分の

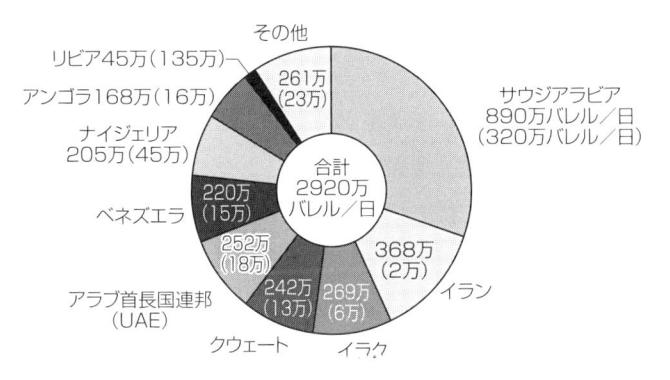

I　中東騒乱は安定と民主化をもたらすか

図表 I-9　OPEC加盟国の原油生産量（2011年3月，カッコ内は供給余力）

- サウジアラビア　890万バレル／日（320万バレル／日）
- イラン　368万（2万）
- イラク　269万（6万）
- クウェート　242万（13万）
- アラブ首長国連邦（UAE）　252万（18万）
- ベネズエラ　220万（15万）
- ナイジェリア　205万（45万）
- アンゴラ　168万（16万）
- リビア　45万（135万）
- その他　261万（23万）
- 合計　2920万バレル／日

出所：『日本経済新聞』2011年5月20日。

　原油をどのようにして世界市場で流通させるのか，釈然としない。サウジアラビア国内の東西石油パイプラインで紅海沿岸に送り，ヤンブー港から欧州市場に輸出するのか。あるいはスワップ取引でアジア向けの西アフリカ（ナイジェリアやアンゴラ）産の原油を欧州に振り向け，サウジアラビアがペルシャ湾からアジア市場に輸出するのか。詳細が明らかにされていない。流通量全体を調整するだけで，需要を満たせるわけはない。新興国の需要は今もって旺盛だ。日本でも東日本大震災の復興需要が高まる。原油の供給リスクが消滅することは想定できない。

　原油だけではない。天然ガスの供給も停止されたことから，その代替を探す必要がある。ロシア産天然ガスの輸入量を増やすのか。それともカタールからLNGを調達するのか（カタールのLNG生産能力は年間7,700万トンで世界最大[75]）。あるいはEU域内で新型天然ガス田の開発を急ぐのか。南欧諸国は早急に安定供給源と代替天然ガスを確保する必要がある。

　中東動乱で漁夫の利を得た産油国がロシア。原油価格の高値圏推移で高笑いが止まらないだろう。リビア産の天然ガス輸出が停止されたこと

で，ロシア産天然ガスの需要も高まった。プーチン首相は原油価格の急激な上昇が世界経済の成長にとって深刻な脅威だと述べた。しかし，日量1,000万バレルの原油を生産するロシアに間断なくオイルマネーが流入することは確か。財政収支が黒字転換することは間違いない。

　政権末期，当時のプーチン大統領はリビアを公式訪問した。旧ソ連・ロシアの国家元首として初めてリビアの土を踏んだ。その手土産はリビアの対ロシア債務45億ドルを帳消しにすることだった。見返りとしてロシア系企業がリビア進出を果たした。カダフィ大佐はワシントンやローマを牽制する手段としてモスクワを利用したといえよう。

　日本はロシアから原油とLNGを輸入するようになった。東日本大震災の際にプーチン首相はサハリン２産LNGの対日輸出増加を表明，協力姿勢を鮮明にした。ロシア産の原油を輸入することで脱中東の第一歩を踏み出した。リスク分散の観点からは望ましい。しかしながら，日本がロシアを頂点とするエネルギー・サプライチェーンに組み込まれたことを自覚すべきである。ロシアの常套手段は供給停止。突然，原油とLNGの対日輸出が停止されたその日，日本のエネルギー業界はどのように対処するつもりか。今から想定しておく必要がある。

　国連安全保障理事会はリビア上空飛行禁止区域設定を柱とする対リビア追加制裁決議を採択，軍事力行使を容認した。この国連決議1973号の提案国はレバノン。ここにリビア攻撃の大義名分がある。リビアは空爆の対象国となった。慌てたカダフィ政権はこの制裁決議を受諾，即時停戦を表明したけれども，早晩，カダフィ大佐は殺害されるか，拘束される憂き目に遭うだろう。あるいは亡命という選択肢もある。情勢展開によっては東西が分裂するかもしれない。その場合，境界線の問題にスポットが照射される。ただ，反体制派が勝利しても安定が約束されるわけではない。強力な指導者は不在。主導権争いが起こることは必至だ。

　東日本大震災で日本中が悲嘆に包まれている最中，リビアが空爆され

た。リビア攻撃は米国ではなく，フランスが先導した。リビアの軍事能力は厳密には評価できないが，政権側と反体制側とが激しく鍔迫り合いを演じる中，反体制側が劣勢に立たされていた状況を憂慮したフランスや英国が空爆で反体制側を援護射撃した格好だ。オバマ大統領は米軍の地上部隊投入を否定しながらも，対リビア軍事行動ではカダフィ政権部隊の航空戦力を無力化，すなわち制空権を掌握する方針を明言していた。ただ，オバマ大統領はキリスト教とイスラム教の宗教戦争に変質することを懸念。報復テロの危険を極力避けたかった。

　一方，イタリア，カナダ，ベルギー，スペイン，デンマーク，ノルウェー，カタール，UAEも協力体制を整えた。アラブ世界の一員カタールが参戦したことで，宗教戦争の構図を回避できた。カタールは反体制側から依頼を受けて，リビア東部産原油100万バレルを欧州などに輸出するとともに，反体制側にガソリン2万トンやディーゼル燃料1万トンを輸送している[76]。反体制側が原油を日量40万バレル生産，輸出できれば，1バレル115ドルとしても月間14億ドルの原油輸出収入を得ることができる勘定になる。カタールはフランスやイタリアに引き続いて反体制側の国民評議会を正統なリビアの代表として承認するなど，反体制側を支援する姿勢を鮮明にしてきた[77]。迷っていた米国も国民評議会を正統で信頼できる対話相手だと評価するようになった。国家承認を待たずに支援できる枠組みを作った格好だ[78]。

　その後，間もなくして，司令塔（軍事指揮権）はNATOに移っている。米国は空爆から手を引いた。これを確認したカダフィ大佐は徹底抗戦を貫いた。同盟国がカダフィ大佐の即時退陣に向けて圧力を仕掛けたことでカダフィ政権から離反者が相次いだものの，リビア情勢は膠着状態，地上戦，市街戦が決め手となる事実上の内戦状態に陥った[79]。焦ったNATOは爆撃作戦を強化。カダフィ大佐の息子（セイフアラブ）と孫3人が死亡した。

ムバラク前大統領と同様にカダフィ大佐もかつてはリビアの英雄だった。1969年の青年将校団による無血軍事クーデターで王制を打倒し，イスラム教団の指導者だったイドリス国王が退陣に追い込まれた。そのとき，革命指導者のカダフィ大佐は27歳，若き英雄だった。それから41年間，カダフィ大佐は立法機関（全人民会議，基礎人民会議），行政機関（全人民委員会），軍，治安機関の頂点に立ち[80]，独裁体制を強化し続けた。リビアには憲法が存在しない。カダフィ大佐の革命理論をまとめた緑の書が事実上の憲法だ[81]。カダフィ大佐は他の中東諸国の独裁者と違って，まだ若い。多国籍軍が空爆した後も降伏せず，首都を掌握しつつ，反体制側への攻撃を続けた。反体制側は武器・兵器の制約からトリポリを陥落できずにいた。それゆえに，対立が長期化し，東西分裂の内戦状態が継続した[82]。

　そもそもリビアでは東部のキレナイカ地方と西部のトリポリタニア地方とが対立構造にあった[83]。東部地方はイタリア独立戦争の拠点だった。独立リビア王制の祖であるオマル・ムフタールは建国神話の英雄である。反体制派は王政時代の旗を結集の象徴とした[84]。東部でイスラム原理主義勢力の活動が活発化することは当然かもしれない。ここに有力部族も加わって，反カダフィ勢力が醸成されたと思われる。これをカダフィ大佐が制御してきたと考えるのが自然だろう。西高東低の支配構造だといえる。リビアが国際社会から信頼される産油国に脱皮できるか，即断できる客観的情勢にはない。

　さらに加えて，ペルシャ湾岸産油国の君主制が転覆する恐怖が残っている。とにかく先行きには不確実性が充満している。

5 最後の砦も決壊するのか

　悪い兆候がある。人口80万人に過ぎないペルシャ湾に浮かぶ小国バーレーン（首都マナマ）で，国民の65-75％を占める多数派のイスラム教シーア派住民が体制側に反旗を翻した。王制が敷かれるバーレーンではイスラム教スンニ派のハリファ王家が君臨する[85]。ハマド国王が諮問評議会（上院），首相，閣僚を任免する。少数派が多数派を支配する構図だ[86]。また，バーレーンでも若年層が厚く，15-29歳が人口に占める比率は28％に及ぶ。

　その反体制デモは当初，すなわちムバラク政権崩壊直後は首相の公選制を求めるだけだった。体制側も懐柔策を提示して，対立の火種の消火に手を尽くした。だが，批判の矛先が王室にも及ぶと，体制側と反体制側との宗派対立は激化。ついに，王室がサウジアラビアに軍隊の派遣を要請。サウジアラビアは1,000人以上の兵隊をバーレーンに送り込んだ。加えて，UAEも500人の治安部隊をバーレーンに派遣している。サウジアラビア軍を主力とする合同部隊がバーレーンの治安回復まで駐留することになった。

　反体制側は外国政府の介入を宣戦布告だとして反発。ハマド国王は3ヵ月間の国家非常事態を宣言するとともに，夜間外出禁止令を発令した。集会とデモも禁止された。スンニ派とシーア派による宗派抗争の様相を呈している。

　事態が打開されるどころか，ペルシャ湾岸の危機が深刻化するおそれが生じている[87]。何よりもリヤド（サウジアラビア政府）が危機感を募らせていることだろう。

　バーレーンには原油資源が乏しい（産油量は10年実績で日量19万バレル）。そこで，金融自由化による金融立国が標榜された。その結果，国

民1人当たりGDPは1万9,600ドル（10年）とサウジアラビアの1万6,600ドルよりも高い[88]。GDPに占める金融部門の比率は25％を超える。一方，石油産業部門のそれは12％程度に留まっている。隣国のサウジアラビアがバーレーンを金融やビジネスで活用してきた経緯がある。その代わりにバーレーンは人口2,500万人のサウジアラビア（アブドラ国王）を政治的な後ろ盾とし，オイルマネーを取り込んできた[89]。両国は相互に依存しあってきた。バーレーンで緊張が高まると，サウジアラビアの安定性に対する不安が増幅され，サウジアラビア株が値を下げることは何よりもこの相互依存関係を物語っている。

　ホワイトハウスはこのバーレーンを中東戦略拠点の1つに仕立て上げ，イランに睨みを利かせてきた。米海軍第5艦隊の司令部がおかれている。この第5艦隊はペルシャ湾から紅海・東アフリカ沿岸部を管轄する。ペルシャ湾からの原油安定輸送路，すなわち海上輸送路（シーレーン）を確保することが主要任務である。

　バーレーンで王制が空中分解すれば，米国はこの司令部を維持できなくなるかもしれない。サウジアラビアがバーレーンに軍事介入したことと相まって，ワシントンによる中東戦略の妨げとなる[90]。サウジアラビアではアブドラ現国王の後継者問題に関心が集まっている。その継承者はいずれも高齢者。現体制を保持できるかどうかはきわめて微妙な情勢だ。米国の軍産複合体も主要な顧客を失うことになる。世界最大の原油埋蔵量をもつサウジアラムコ（サウジアラビアは世界原油埋蔵量の19.8％を占有する）と中東最大の素材企業であるサウジアラビア基礎産業公社（SABIC）の首脳は川下産業の育成で雇用を充実させる方針を明言している。若年層の失業者を吸収して社会不安を緩和するためである[91]。国営企業の首脳陣が中東の政変に危機感を募らせていることがわかる。中東の危機は深まるばかりだ。

　民主化の波及をおそれる中国のシノペックがサウジアラムコと合弁で

I　中東騒乱は安定と民主化をもたらすか

サウジアラビア西部に位置するヤンブーに大型製油所を建設・運営する事業（総事業費100億ドル，処理能力は日量40万バレル）を手掛けることになった[(92)]。14年に完成予定でサウジアラビア産の重質油が石油製品（ガソリンや軽油など）に加工される。両社は中国・福建省に合弁の製油所を建設した経緯がある。原油消費国の中国が上流に乗り込み，原油輸出国のサウジアラビアが下流市場にアクセスした格好だ。ただ，サウジアラビア王室が安泰という大前提条件に立脚している。王室崩壊となれば，契約が反故にされる可能性は否定できない。

　バーレーンからサウジアラビア，そしてクウェートへと民主化要求デモの火の手が広がることは原油の生産余力が一夜にして消滅することと同義。地政学的リスクが一気に高まり，原油価格は天井知らずに急騰することは間違いない。1バレル250ドル突破が視野に入る。これは世界経済にとっての悪夢。デフレーションから一転，インフレーションが猛威を振るう。回復基調にあった世界経済が再び，奈落の底へと突き落とされるだろう。そもそも，中東騒乱の原因が食料品価格の高騰であったことを肝に銘じておくべきだろう。新興国はすでにインフレ現象に包まれ，中央銀行が幾度となく金利引き上げに踏み切っている。唯一の例外国は中東動乱の圏外にあるロシアかもしれない。

　中東産油国もオイルマネーの大量流入を喜べないばかりか，体制崩壊の危機に瀕することになる。加えて，イランの核の脅威は今もって未解決。イランが中東地域の波乱要因であることに些かの変化もない。イエメンではサレハ大統領の即時辞任を要求する反政府デモ隊が連日，気勢を上げた。政権側から離反者が相次ぎ，サレハ大統領は完全に孤立状態。サウジアラビアに支援を求めた。内戦状態と化す危険性も急浮上，政権崩壊は時間の問題となった。イエメンには既述のとおり，国際テロ組織アルカイダの拠点があるばかりか，イスラム教シーア派の反政府組織もある。

イエメンは産油国であるが，その原油生産量は日量26万バレルと世界の石油市場に影響を及ぼす規模ではない。それに産油量の半分以上が国内消費向けである。しかしながら，オーストリアのOMVやノルウェーのDNO，それに米国のオキシデンタル・ペトロリアムといった欧米の石油大手がイエメンから退却した事実そのものが心理的な悪影響を及ぼす。また，イエメン沖のアデン港から紅海に至るシーレーンでは毎日，320万バレルの石油がタンカーで運搬されている。イエメンの動揺は間接的に世界の石油市場をも揺さ振る[93]。

　バッシャール・アサド大統領とその父親ハフェズ・アサド前大統領のアサド父子二代が40年以上も君臨するシリア（首都ダマスカス）でも民主化要求デモが頻発。大規模デモが相次いで発生し，治安部隊がデモ隊に発砲したことで多数の市民が犠牲となった。アラブ最強硬派のシリアでも民衆蜂起によって支配政党バース党が動揺した。大統領を頂点とする支配層や軍，治安機関の幹部はイスラム教シーア派の一派，アラウィ派。一方，国民の大多数はイスラム教スンニ派だ。少数派のアラウィ派が多数派のスンニ派を支配する構造となっている。

　シリアのアサド政権とイランとが盟友関係にあることは周知の事実。北朝鮮とも友好関係を保つ。イラン・シリア両国はイスラエルと敵対することから，レバノンのシーア派民兵組織ヒズボラとパレスチナ過激派ハマスを支援してきた。

　この強権シリアが1963年に導入されていた非常事態法を解除するなど対民衆融和策を打ち出した。非常事態法を根拠に，令状なしで容疑者を拘束できるなどの強権が治安当局に与えられていた。バース党一党独裁を支える支柱だったのである[94]。ところが，非常事態法廃止後もアサド政権は反政府勢力を武力で徹底的に弾圧，市民の怒りは頂点に達した。

　ダマスカスの動揺は中東シーア派のそれでもある。アサド政権が崩壊すれば，新政権はイランと断交するのか。連動的にイランの神権政治も

窮地に立たされるのか。その場合，イスラエルとの和平交渉が進展するのか。あるいは逆に，イスラエルと武力衝突するのか。イスラエルはシリアとの停戦遵守が維持されるかどうか，警戒を緩めていない。

　イスラエルにとってアサド政権の崩壊は諸刃の剣。アサド政権はこれまでイスラエルとの停戦を遵守してきた。アサド政権が崩壊して新政権が成立しても，この新政権が停戦を遵守するかどうかはまったくの未知数。一方で，アサド政権の崩壊は否応なくイラン，ヒズボラ，ハマスの立場を弱める。これはイスラエルには好都合だ。イスラエルは今，複雑な心境だろう。

　レバノン政府にとってもそれは同様。アサド政権が崩壊すれば，ヒズボラは支柱の1つを失う。だが，アサド政権崩壊後，逆にヒズボラと当局との対立が激化し，レバノンから国民が大量に流出するかもしれない。トルコの立場も微妙だ。トルコの非合法組織・クルド労働者党（PKK）をシリアが支援したことで両国関係は緊張。トルコにとって最大の懸念材料はクルド系民族の覚醒である。クルド系による蜂起はトルコの現政権を揺るがす[95]。ただ，トルコでイスラム色の濃い公正発展党（AKP）が与党になって以降は，トルコの仲介でイスラエルとの和平交渉が再開されていた。

　他方，アサド政権が国内問題の処理に翻弄されるなか，シリアからの支援を期待できなくなったハマスはヨルダン川西岸を統治するパレスチナ自治政府の主流派ファタハと和解，統一政府を樹立することで正式に合意した[96]。交渉を仲介したエジプトがガザ地区を制圧するハマスの後ろ盾になるのか。エジプトは2011年5月28日，ガザ地区との境界にあるラファ検問所の封鎖を解除，国境を恒久的に開放した。側面からパレスチナ自治区の分裂終結を支援した格好だ[97]。

　不快なのがイスラエル。早速，イスラエルはハマスが統一政府に参加することに反発している。パレスチナとの和平交渉が停滞することだろ

う。欧米諸国はハマスをテロ組織と認定，一方で，ハマスはイスラエルへの武力闘争を言明。和平交渉が遠のく色彩が濃い。今回のファタハ・ハマス和解はエジプトでイスラム原理主義勢力が影響力を強める証左でもある。

　アサド政権が民衆に打倒されたとしても，それが直線的にシリアや周辺地域の安定に結びつくかどうかは即断できない。アサド政権がイランの暴走を抑止してきた面もある。であるがゆえに，ホワイトハウスは資産凍結や渡航禁止といった対アサド大統領制裁を打ち出せずにいた。EU加盟諸国も足並みが揃わない。要人に対する制裁については決定したものの，アサド大統領は当初，制裁の対象外だった[98]。後になって制裁の対象としたが，欧米諸国は腰が引けている。政権転覆がアラビア半島に波及することを欧米諸国はおそれているのか。

　唐突にもオバマ大統領が中東和平の出発点を67年ライン（国境線）[99]にすると提言した（図表Ⅰ-10参照）。もちろん，イスラエル側は猛反対。内外のメディアもオバマ大統領の提起を酷評した。オバマ大統領がイス

図表Ⅰ-10　イスラエルの支配地域

出所：図表Ⅰ-9と同じ。

Ⅰ　中東騒乱は安定と民主化をもたらすか

ラエルによるヨルダン川西岸地区への入植活動を全面否定した格好だが，そもそもイスラエルが受け入れ可能な提案ではない。オバマ大統領の真の狙いはどこにあるのか。

　おそらくそれは第1に，大胆な提案で和平交渉の争点を明確化するためであろう。第2には中東民主化と中東和平を同時進行させる目的がある。第3に，イスラエル寄りの外交姿勢を修正することで，アラブ各国に対する米国の立場も同様だとの印象を全面に押し出すために他ならない。イスラエルを特別扱いせず，アラブ諸国と等距離であることを強調したかったに違いない。それだけ中東民主化を評価しているということだ。ただし，思惑どおりに事が運ぶとは考えられない。早速，米国内のユダヤロビーがホワイトハウスに圧力を掛けて反発，提案を撤回するよう迫る姿勢を鮮明にした。

　中東情勢の先行きはまったく不透明である。中東動乱の早期決着は期待できないことだけは確かなようだ。

　イエメン（首都サヌア）の情勢も打開できていない。サレハ大統領が即時退陣の要求を受け入れなかったためだ。ワシントンもサウジアラビアも当初はサレハ大統領を支えていたものの，同大統領に退陣を求めるようになった。サウジアラビアを筆頭とするGCC加盟諸国はサレハ大統領に1カ月以内の辞任を要求した。GCCは副大統領に権限を移譲することを，また，米国は退陣後に備えて，暫定評議会の樹立をそれぞれ提案している。この暫定評議会が総選挙や大統領選挙を準備する提案だ[100]。国内外の圧力に屈して，サレハ大統領はようやく1カ月以内の辞任を表明し，大統領権限は副大統領に譲渡されることになったものの，退陣署名を拒否。GCCによる仲介は暗礁に乗り上げた[101]。

　イエメンはアラビア半島南端に位置する。イエメンの混乱がペルシャ湾岸産油国に飛び火すれば，国際石油市場を通じて，悪影響が全世界に波及する。GCCはこれを阻止したかった。また，国際テロ組織アルカ

イダの首謀者ウサマ・ビンラディン一族はイエメン出身。ビンラディンは米国に殺害されたが，イエメンにはアルカイダの一味，アラビア半島のアルカイダ（AQAP）が潜伏する。船舶の安全航行にもイエメンの平和的な権力移行，安定は不可欠。イエメンはソマリアと同様に破綻国家であるけれども[102]，国際社会が軽視できる国ではない。

　中東情勢は当分の間，不安定とならざるを得ない。民主化が進展する保証もない。それどころか，中東動乱の先に民主化と安定が待ち構えていることなど幻想であると思い知らされるに違いない。中東では今後，反イスラエル勢力，イスラム過激派が台頭してくるであろう。平和条約を遵守してきたエジプトで反イスラエル運動が高まれば，新たな中東戦争の火種となる。この点でシリアも同様だ[103]。2011年5月15日，イスラエル建国63周年を迎えた。その日，シリアからイスラエルが占領するゴラン高原にパレスチナ難民らが押し寄せ，抗議活動を展開した[104]。イスラエルを取り巻く環境は悪化するばかりである。

　今後の問題の焦点は明白だ。中東政権転覆の流れがアラビア半島，殊に王家が支配するアラブ諸国に波及するかどうか。次に，軍部の動向。アラビア半島でクーデターが勃発するとすれば，それは軍事クーデターとなる可能性が高い。軍部は北アフリカ・中東地域で最も洗練された組織構造をもつ。意外と軍内部では民主主義が貫徹されている。実力者が立身出世する素地がある。政府に対抗できる能力を備えるのは一般大衆ではない。軍部だ。これは政権が転覆した北アフリカ諸国にも当てはまる。エジプトで軍部主導の政権が樹立されても不思議ではない。

　日本では東日本大震災の被害とも相まって，東日本の産業が壊滅状態となるだろう。石油関連商品の価格が高騰し，それはスパイラル現象をともないながら他の財・サービス価格高騰を誘発する[105]。震災ショックと石油ショックのダブルパンチに見舞われることになる。日本の政財界ができることは唯1つ。東日本大震災の傷跡を一刻も早く治癒するこ

I 中東騒乱は安定と民主化をもたらすか

とである。

注

(1) *Financial Times*, February 1, 2011.
(2) *Financial Times*, January 29, 30, 2011.
(3) 『日本経済新聞』2011年1月16日。*Financial Times*, February 5, 6, 2011.
(4) 『日本経済新聞』2011年2月8日。
(5) *Financial Times*, December 20, 2010.
(6) 『日本経済新聞』2010年12月20日。
(7) 『日本経済新聞』2011年3月4日。
(8) *Financial Times*, February 25, 2011.
(9) *Financial Times*, January 22, 23, 2011.
(10) *Financial Times*, November 9, 2010.
(11) 『日本経済新聞』2011年3月5日。
(12) *Financial Times*, February 2, 2011.
(13) *Financial Times*, February 5, 6, 2011.
(14) 『日本経済新聞』2011年1月22日。
(15) 『日本経済新聞』2011年3月10日。
(16) 『日本経済新聞』2011年3月11日。
(17) 『日本経済新聞』2011年1月18日。
(18) 『選択』2010年12月号, 24-25頁。
(19) *Financial Times*, March 10, 2011.
(20) *Financial Times*, February 12, 13, 2011.『日本経済新聞』2011年2月2日。
(21) *Financial Times*, February 3, 2011.
(22) 『日本経済新聞』2011年2月16日。
(23) *Financial Times*, February 7, 2011.
(24) 『日本経済新聞』2011年2月13日。
(25) 『日本経済新聞』2011年3月7日。
(26) 『日本経済新聞』2011年2月14日。
(27) *Financial Times*, February 2, 2011.
(28) *Financial Times*, February 16, 2011.
(29) *Financial Times*, February 14, 2011.
(30) 『日本経済新聞』2011年1月28日。
(31) *Financial Times*, December 16, 2010.
(32) 『日本経済新聞』2011年2月13日。

(33) *Financial Times*, February 16, 2011.
(34) 『日本経済新聞』2011年2月1日。
(35) 『日本経済新聞』2011年2月7日。
(36) 『日本経済新聞』2011年1月30日。
(37) 『日本経済新聞』2011年2月7日。
(38) *Financial Times*, February 2, 2011.
(39) *Financial Times*, February 5, 6, 2011.
(40) *Financial Times*, February 1, 2011.
(41) 『日本経済新聞』2011年12月28日。
(42) 軽水炉の炉型は加圧水型軽水炉（PWR）と沸騰水型軽水炉（BWR）に大別される。PWRは原子炉の熱で高温高圧の水を発生させて，その熱を2次冷却水に伝え，蒸気を発生させてタービンを駆動させる。東芝傘下の米ウエスチングハウスが開発した。他方，BWRは原子炉の熱で直接蒸気を発生させて，その蒸気でタービンを回し発電する（『日本経済新聞』2011年12月28日）。
(43) 『日本経済新聞』2011年1月13日。
(44) 『日本経済新聞』2011年1月9日。
(45) 『日本経済新聞』2011年1月16日。
(46) 原子力協定は2国間で原子力発電に関する部品・機材・技術，または核物質を平和利用に限定して移転することを確約する法的枠組み。国際原子力機関（IAEA）の査察受け入れなどの条件が明記される。一方，原子力協力文書は原子力協定の締結前に交わし，協力関係を明確にする。日本は米国，英国，カナダ，フランス，中国などと原子力協定を発行済み（『日本経済新聞』2010年12月24日，2011年1月9日）。
(47) *Financial Times*, March 3, 2011.
(48) 北大西洋条約機構（NATO）とアラブ連盟（22カ国・地域で構成，ムーサ事務局長（当時））がアフリカ連合（AU）と共同で，リビア上空飛行禁止区域設定を検討した。アラブ連盟はその後，飛行禁止区域設定を支持する方針を明言し，国連安全保障理事会に導入を公式に求めることを決定している。同時に，国民評議会と対話を開始することも決めた（『日本経済新聞』2011年3月14日）。また，国連安保理も飛行禁止区域設定を柱とする対リビア追加制裁決議を採決，軍事力行使を容認した（『日本経済新聞』2011年3月18日）。カダフィ政権による外国人傭兵（雇い兵）・武器の航空輸送，軍用機の攻撃といった航空戦力を阻止するためである。
(49) *Financial Times*, March 2, 2011.
(50) 『日本経済新聞』2011年3月6日。

(51)　『日本経済新聞』2011年3月9日。
(52)　*Financial Times*, March 11, 2011.
(53)　『日本経済新聞』2011年3月4日。
(54)　『日本経済新聞』2011年3月3日。
(55)　*Financial Times*, March 7, 2011.
(56)　『日本経済新聞』2011年3月4日。
(57)　『日本経済新聞』2011年3月2日。
(58)　*Financial Times*, March 10, 2011.
(59)　*Financial Times*, March 4, 2011.
(60)　*Financial Times*, March 8, 2011.
(61)　*Financial Times*, February 5, 6, 2011.
(62)　*Financial Times*, February 25, 2011.
(63)　『日本経済新聞』2011年3月7日。
(64)　『日本経済新聞』2011年2月20日。
(65)　『日本経済新聞』2011年2月24日。
(66)　*Financial Times*, February 23, 2011. リビア産原油の輸出国と輸出量を2010年実績でみると，次のようになる。イタリア日量34万3,000バレル，フランス同19万4,000バレル，中国同14万8,000バレル，ドイツ同13万5,000バレル，スペイン同12万8,000バレル，ギリシャ同5万8,000バレル，英国同4万9,000バレル，米国同4万3,000バレル，その他同10万9,000バレル（*Financial Times*, March 22, 2011）。
(67)　『日本経済新聞』2011年2月11日。
(68)　『日本経済新聞』2011年3月10日。
(69)　『日本経済新聞』2011年4月9日。ロンドン市場の北海ブレント原油，ニューヨーク市場のWTI（ウエスト・テキサス・インターミディエート），中東産ドバイ原油が世界の三大指標原油とされる（『日本経済新聞』2011年2月22日）。
(70)　*Financial Times*, February 24, 2011.
(71)　『日本経済新聞』2011年2月26日。しかし，2011年4月に入って，サウジアラビアは産油量を日量50万バレル分減産し，同850万-860万バレルとしている（『日本経済新聞』2011年4月13日）。
(72)　『日本経済新聞』2011年3月9日。
(73)　*Financial Times*, January 19, 2011. *Financial Times*, March 5, 6, 2011.
(74)　*Financial Times*, February 26, 27, 2011.
(75)　『日本経済新聞』2011年11月25日。カタールの年間LNG生産能力7,700万トンは日本の2009年LNG実績6,520万トンを十分に賄える規模である。カタールのノースフィールド天然ガス田の埋蔵量900兆立方フィートは全世界の15％に匹敵，埋蔵量で

ロシア，イランに次ぐ。カタールには英蘭系のロイヤル・ダッチ・シェルなど外資系企業が進出しているが，中核企業はカタール国営のカタールガスとラスガスである。なお，カタールは産油国でもあり，原油埋蔵量は150億バレル，産油量は日量80万バレルである（*Financial Times*, November 23, 2010)。

(76) 『日本経済新聞』2011年4月14日。
(77) *Financial Times*, March 29, 2011.
(78) 『日本経済新聞』2011年5月14日。
(79) 『日本経済新聞』2011年4月3日。
(80) 『日本経済新聞』2011年2月23日。
(81) 『日本経済新聞』2011年2月20日。
(82) *Financial Times*, March 26, 27, 2011.
(83) 『日本経済新聞』2011年3月18日。
(84) 『日本経済新聞』2011年2月26日。
(85) 『日本経済新聞』2011年2月16日。
(86) イスラム教創始者ムハンマドの後継問題を巡って，合議で選ばれた指導者を認めたスンニ派に対して，シーア派はムハンマドのいとこで娘婿のアリとその子孫のみが権威をもつと主張した。これがスンニ派とシーア派の起源である。イスラム教徒全体のうち9割をスンニ派が占めるが（サウジアラビアでは国民の85％がスンニ派），バーレーン，イラン，イラクではシーア派が多数派となっている（『日本経済新聞』2011年2月18日）。
(87) *Financial Times*, March 15, 2011.
(88) *Financial Times*, March 11, 2011.
(89) 『日本経済新聞』2011年2月24日。
(90) *Financial Times*, March 16, 2011.
(91) 『日本経済新聞』2011年3月10日。サウジアラビアの人口2,500万人のうち半数を20歳以下が占め，若年層の失業率は3割に上る。
(92) 『日本経済新聞』2011年3月17日。
(93) *Financial Times*, March 24, 2011.
(94) 『日本経済新聞』2011年4月22日。
(95) *Financial Times*, April 30, May 1, 2011.
(96) 『日本経済新聞』2011年5月5日。
(97) 『日本経済新聞』2011年5月26日。
(98) *Financial Times*, May 7, 8, 2011.
(99) イスラエルが1967年に勃発した第3次中東戦争を通じ，周辺諸国に侵攻，占領した。そこにはヨルダン川西岸地区（ヨルダン），東エルサレム，ガザ地区とシナ

イ半島（エジプト），ゴラン高原（シリア）が含まれる。このうち，イスラエルは現在でもなお，ヨルダン川西岸地区，東エルサレム，ゴラン高原を占領，実効支配している（図表 I-10 参照）。中東和平が実現すれば，ヨルダン川西岸地区とガザ地区にパレスチナ国家が樹立される計画となっている（『日本経済新聞』2011年5月20日）。
(100) 『日本経済新聞』2011年4月7日。
(101) 『日本経済新聞』2011年5月2日。
(102) イエメンは国民の半数が1日2ドル以下で生活するアラブ最貧国。産業の育成が遅れ，失業率は30％を超えるとされる（『日本経済新聞』2011年4月25日）。
(103) 『日本経済新聞』2011年5月14日。
(104) 『日本経済新聞』2011年5月16日。
(105) 日本の原油輸入国を列挙すると次のようになる。日本の原油輸入量は2010年実績で2億1,535万キロリットル。サウジアラビアから6,193万キロリットル，アラブ首長国連邦（UAE）から4,395万キロリットル，カタールから2,542万キロリットル，イランから2,060万キロリットル，クウェートから1,537万キロリットル，オマーンから704万キロリットル，イラクから695万キロリットル，その他中東から495万キロリットル，ロシアから1,529万キロリットル，インドネシアから498万キロリットル，その他から残余をそれぞれ輸入した。大半を中東産油国に依存する。

II

ホワイトハウスの説得は徒労に終わるのか

1　イスラエル・パレスチナ和平交渉とは

　2010年も年の瀬が押し迫った12月28日付の『日本経済新聞』夕刊紙に小さな見出し記事「対パレスチナ暫定的和平も選択肢―イスラエル首相、中核問題棚上げ」を発見して驚いた。イスラエルのネタニヤフ首相はオバマ米大統領の勧告を無視して、1967年の6日戦争によって占領地となったヨルダン川西岸地区へのユダヤ人入植を強行してきた。ところが、ネタニヤフ首相がこれまで無視してきたパレスチナ国家独立に言及したのだから、まったくの驚きだった。

　ネタニヤフ首相が触れた暫定的和平とは何か。包括的和平実現の道はあるのか。

　日本が石油・天然ガス輸入の大部分を依拠するペルシャ湾岸のアラブ産油国が絡むイスラエル・パレスチナ和平交渉の経緯を辿り、イスラエルのネタニヤフ首相の突然変異的な発言の背景を探ってみよう。

　イスラエルがアラブ諸国の敵意と反発に囲まれて1948年に建国宣言を発布してから63年の歳月が経過した。だが、ユダヤ人国家のイスラエルは未だにアラブ世界のなかで孤立を続けている。イスラエル国家を支えているのは米国一国だけの現状だ。

　イスラエルはようやく1993年にノルウェーの仲介を経て、パレスチナに部分的な自治を認めるパレスチナ暫定自治宣言（オスロ合意）を受け入れ、ヨルダン川西岸の都市エリコと地中海に面したガザ地区でパレスチナ人の先行自治を認めた。79年3月、米国の調停を介してエジプトと平和条約を結び、シナイ半島を返還した。94年にはイスラエルはヨルダンと平和条約を締結した。イスラエルはシリアを除く周辺アラブ諸国との関係を調整し、99年9月には広義のパレスチナ自治区はヨルダン川西岸の4割に達していた。

Ⅱ　ホワイトハウスの説得は徒労に終わるのか

　ところが，2000年9月28日，イスラエルの政党リクードのシャロン党首（当時）がエルサレム旧市街にあるイスラム教聖地・神殿の丘（イスラム名：ハラム・アソレヤリーフ）を訪問してから，状況は一変した。01年3月，6月，8月とイスラエル各地で自爆テロが発生した。同年8月，イスラエルは東エルサレムのパレスチナ解放機構（PLO）事務所「オリエントハウス」をはじめ自治政府周辺施設10カ所を接収した。そして，ヨルダン川西岸ラマラでパレスチナ解放人民戦線（PFLP）のムスタファ議長を暗殺した。PFLPは報復としてイスラエル政府のゼエビ観光相を暗殺した。イスラエル軍はヨルダン川西岸に侵入し，ガザ地区にも地上軍を投入した。01年11月にはイスラエル北部のヘデラで走行中のバス内で自爆テロが発生した。12月にもエルサレム，ハイファで爆弾テロが生じた。イスラエルは同年12月，パレスチナ自治政府を「テロ支援国家」に指定し，同自治政府のアラファト議長との関係を断絶した。こうして和平プロセスは完全に崩壊した。

　05年になると，イラン大統領に就任したアハマディネジャド氏はイスラエル抹殺論を唱え，第2次世界大戦中のナチス・ドイツによるユダヤ人大量虐殺（ホロコースト）を「神話」として否定した。そして，同大統領は核開発を積極的に進めた。他方，サウジアラビアのアブドラ国王はイスラエルが第3次中東戦争による占領地から撤退することを条件に，同国とアラブ側が和平を結ぶ「中東包括和平案」を提案し，07年3月のアラブ連盟首脳会議で同案の堅持を確認する宣言を採択した。

　サウジアラビア政府はイランのアハマディネジャド大統領のイスラム教シーア派勢力の拡大する「楯」としてイスラエルを利用し，その見返りとしてイスラエルの国家生存権を認めようとした。ところが，06年7月，レバノン南部でレバノンの民兵組織ヒズボラとイスラエル軍が1カ月余りに亘って戦火を交えた。ヒズボラ側はイランの支援によってミサイルを使用し，イスラエル北部都市を攻撃した。イスラエル国軍はヒズ

ボラを壊滅できず，停戦協定を受け入れて終結した。ここにイスラエル国軍不敗の神話は崩壊した。

　それでも，イスラエル国内世論はパレスチナとの和平交渉を進展させようとはしなかった。07年11月，米国メリーランド州アナポリスでブッシュ大統領（当時）はイスラエルのオルメルト首相（当時），パレスチナ自治政府のアッバス議長を招いて和平会議を開いた。そして，08年末までに和平合意を目指すとの覚書を発表した。だが，イスラエル・パレスチナ和平交渉は進展しなかった。

2 ワシントンが和平交渉に熱心な訳

　オバマ米大統領は２年後に迫った大統領選挙で再選を果たしたい。そのために歴代米大統領が実現できなかった中東和平交渉を成功させたい。そうした目標とあわせて，泥沼に陥ったアフガニスタンからの撤兵を円滑に成功させたい焦りがある。

　2010年３月19日，アフガニスタンとイラクの戦争を統轄する米中央軍司令官であったペトレリアス将軍が，米上院軍事委員会で証言を行った際に提出した報告書のなかで，中東和平の停滞が米軍の活動を阻害していると述べた。中東で紛争が生じると，それが反米感情を煽る。米国がイスラエル寄りであるという認識がイスラム世界にあるから，地域の政府や人々と米軍が信頼関係を確立できない。それが穏健派アラブ諸国政権の正統性を脆弱化する。この問題についての地域民衆の怒りがアルカイダの支持基盤を拡大している。加えて，この紛争が続くから，ヒズボラやハマスを利用して，イランがアラブ世界に影響力を行使できる。2010年３月にバイデン米副大統領がイスラエルとパレスチナを訪問した背景には中東和平の進展を希望する軍部の働きかけがあった[1]。

II　ホワイトハウスの説得は徒労に終わるのか

　イスラエル・パレスチナ和平交渉の妥結が焦眉の急と化しているにもかかわらず，イスラエルのネタニヤフ首相はヨルダン川西岸地区や東エルサレムへのユダヤ人入植を凍結しようとはしない。オバマ米政権がイスラエル向け新鋭戦闘機の供給や国連安全保障理事会でのイスラエル非難決議に拒否権を行使する約束をしても，依然としてパレスチナ側の要求を満たすヨルダン川西岸地区，東エルサレムへの入植活動を凍結しようとはしない。

　これはネタニヤフ内閣がユダヤ人入植活動を凍結すれば，即座に崩壊してしまう政党を抱え込んでいるからだとの認識が一般的だった。ネタニヤフ首相が中東和平交渉に積極的な政党カディマを入閣させないかぎり，打開は絶望的だと観測されていた。だが，ネタニヤフ首相と政府与党リクードの不満はもっと別の所にある。それはオバマ米大統領がイランの核開発を阻止する交渉に拘って，かえってイランの核開発を促進する時間を与えていることだ。イスラエルはイラン政府向けに強硬策を採用したい。イラン南部の核開発施設の空爆やイラン国内の少数民族・学生を扇動して，アハマディネジャド大統領の失脚を図る策だ。しかし，オバマ大統領はイスラム世界向けに強硬策や奇策を行使するのではなく，交渉を通じて「核なき世界」の理想に少しでも近付きたい。

　オバマ米政権は苦肉の一策としてイスラエル・パレスチナの国境を画定する部分和平案を提案した[2]。こうした部分和平案には反対も多い。それは包括和平交渉と異なって，交渉妥結の範囲を狭めてしまう。それにパレスチナ側は包括和平交渉以外は受け付けないというのである。確かにそのとおりだ。だが，国境画定交渉を通じてイスラエル国内のパレスチナ人居住地域を入れ換えたり，ユダヤ人が東エルサレムやヨルダン川西岸地区に建設した住宅をパレスチナ難民の帰還権を補償する方式に設定することが可能だ。つまり，両国の国境画定交渉がレバノンやヨルダンなどに散在するパレスチナ難民の帰還権をも解決する手掛かりを与

51

えてくれる可能性がある。そうなると，中東和平交渉の「躓きの石」となってきたエルサレムの分割問題だけが残ることになる。

　ところが，時間はさらに切迫してきた。パレスチナがヨルダン川西岸地区，ガザ地区，東エルサレムを領域として国家独立を承認する動きだ。ブラジル，アルゼンチン，ウルグアイ，ボリビアに広がってきた。欧州のノルウェー政府も在オスロ・パレスチナ代表部を外交使節団に格上げすることを決めた。欧州10カ国もノルウェーに続くとみられる。それは2010年初めにフランスとスペイン両国が取った措置を反映するものだ。パレスチナ側は勢いに乗じて，国連安保理にイスラエルのヨルダン川西岸地区，東エルサレムへの入植活動を非難し，不法である旨の決議案を2011年2月の国連安保理に提出する準備を急いだ[3]。

　国連安保理へ対イスラエル非難決議案が上程された場合，米国は拒否権を行使するのが難しい。これまでイスラエルのヨルダン川西岸地区，東エルサレム入植活動を批判してきた立場と矛盾するからだ。イスラエル政府は当事者国家間の直接交渉を主張し，国連安保理でのパレスチナ独立承認の動きを批判している。

　パレスチナ側の国連安保理向けイスラエル非難決議案の提出を阻止する有効な手段はイスラエル・パレスチナ和平交渉の継続だ。

　イスラエルのネタニヤフ首相の対パレスチナ暫定的和平合意案はこうした切迫した情勢を背景にしたうえで読み取れる。おそらくパレスチナ側はユダヤ人の対ヨルダン川西岸地区，東エルサレムへの入植活動を前提としないかぎり，交渉に応じないであろう。その場合はネタニヤフ首相は新しく連立内閣を組み直して，カディマの参加を求めるか。

3 和平交渉は結実するのか

　中東和平交渉妥結に向けて時間は切迫している。それはパレスチナ国家独立を承認する国際的な動きが広がっているなかで，パレスチナ民衆・青少年の蜂起が始まる懸念だ。米国主導の中東和平交渉に失望した人々がイラン，中国などの武器供与を含む支援に勢いを得て蜂起を始めた場合，米国一国だけでは対応できない。早期に交渉を妥結して，イスラエル国家の独立と安全を保障しなければならない。

　中東包括交渉の3つの課題，すなわち国境画定，500万人に上るパレスチナ難民の帰還権，エルサレムの分割。そのうち，国境画定ならびにパレスチナ難民の帰還権は解決が案外容易だ。パレスチナ難民は難民キャンプに留まって当該国の市民権を得るか，あるいはヨルダン川西岸地区にそれぞれ補償金を得て居住を選択できる。国境画定は1967年の第3次中東戦争によるイスラエル占領地を返還することなのだが，むしろその後の安全保障の方が重要な問題だ。独立パレスチナ国家は非武装・中立が原則だが，その場合，第3国軍隊が国境警備を担当することになろう。

　解決困難なのはエルサレムの分割である。東エルサレムをパレスチナ国家の新首都に，隣り合わせの西エルサレムをイスラエルの首都とする策は解決が困難だ。エルサレムはユダヤ教，キリスト教，イスラム教の三大宗教の聖地であり，それを分割して行政首都とするのは将来にわたって紛争の種を蒔く原因を作る。

　イスラエルはテルアビブ，ヨルダン川西岸地区ではラマラを首都とするよう，両者が譲歩し合って解決できないのだろうか。エルサレムは宗教聖地として国際的に開放し，入市税を徴収して治安警備費に充てることはできないものか。

このエルサレムの地位を巡る交渉は非常に時間を必要とするし，第3国に調停を求める可能性も生じよう。その意味では包括的和平交渉の実現は早急には無理であり，エルサレム分割を残したままの暫定的和平方式を採用せざるを得ない。

　イスラエルには07年3月，アラブ連盟首脳会議で確認されたサウジアラビア・アブドラ国王の中東包括和平宣言がある。それにパレスチナ側はヨルダン川西岸地区のパレスチナ国家とガザ共和国とに分裂しており，両者の和解は不可能な現状だ。

　イスラエルがこの2条件を活用してパレスチナ国家の独立を承認し，自らの国家生存権を確立する道は充分残されている。

　ここにきて，時の流れはイスラエルに有利に展開し始めた。その第1はイスラエルが天然ガス一大輸出国となった事実である。その第2はエジプト騒乱に端を発した中東民主化の嵐が東進し始めたことである。

　第1の流れから分析しよう。イスラエルは天然ガス一大輸出国としてレバノン，シリア，ヨルダン川西岸地区・ガザ地区の需要を賄う見通しがついたからだ。イスラエルは09年に地中海のタマル天然ガス田（埋蔵量8兆4,000億立方フィート）を発見した。今回，その付近，ハイファの沖合約130キロメートルにあるリバイアサン天然ガス田が発見された。その推定埋蔵量はタマル天然ガス田の2倍に達すると見込まれる[4]。

　イスラエル政府副首相・前軍参謀総長のモツシエ・ヤーロンは2010年12月29日，国際社会はイランの核開発を停止させるのに3年を必要とする，とイスラエル・ラジオを通じて訴えた。そして，西欧諸国は制裁を超えて，イランの核脅威に対抗しなければならないと述べた[5]。

　彼の言わんとしたところは，イスラエルが今後3年間にパレスチナ国家の独立交渉を進めていく。それはイスラエルが開発した天然ガスを有効に利用して，レバノン，シリアをイランの影響力から解放し，アハマディネジャド大統領の外交策謀を封じる。そのうえでイスラエルは孤立

したイランの核施設を空爆して破壊する。そうした自信溢れる発言と解釈したい。

第2の民主化の波について。民主化の嵐は東進を続ける。今やシリアもバーレーンもその渦中に突入した。やがてイランもサウジアラビアもその渦中で揉まれ、さらに東南アジアのインドシナ半島、そして中国まで東進していく。

さしあたって、シリアはその政権基盤が脆弱であるためにイランの支援に頼ってきた。その国土面積は18万5,000平方キロメートル(日本の半分弱)、人口規模は約1,992万人(07年推定)である。人口の70%がイスラム教スンニ派であるにもかかわらず、少数派のアラウィ派(人口の12%)の上にバッシャール・アサド大統領が独裁権を行使する。スンニ派の不満を代表するムスリム同胞団の反政府活動は82年に国内の中部都市で徹底的に弾圧され、数百万人とされる死者を出して鎮圧された[6]。

イランはアラウィ派をシーア派の一分岐と狭義解釈して、シリアのアサド政権を支援してきた。今回の危機に先立って、自国軍艦をスエズ運河を北上させてシリアの地中海沿岸に派遣して、その威信を示した。だが、アサド政権に対する民主化の嵐は今や、同国北部から南部に広がりを示している。いずれ軍艦が弾圧に向かうと予想されるが、その流血の惨事がさらに紛争を拡大していく。アサド政権の崩壊は時間の問題だ。

イスラエルはユダヤ国家であるが、民主主義国家として節度あるパレスチナ独立交渉を急いでいけばよい。

注
(1) 高橋和夫「ペトレリアス将軍とアメリカの中東政策」『海外事情』(拓殖大学)2010年11月号、34頁。
(2) Daniel Dombey, Washington pushes prospect of partial deal in the Middle East, *Financial Times*, October 27, 2010.
(3) Tobias Buch, Palestians want UN to condemn Israel resettlement, *Financial Times*, December 28, 2010.

（4） Noble hopes high for gas find, *Financial Times*, December 29, 2010.
（5） Daniel Dombey, 3-year warning, *Financial Times*, December 30, 2010.
（6） 『世界年鑑2009』共同通信社。

III

イスラエルはなぜ、頑固なのか

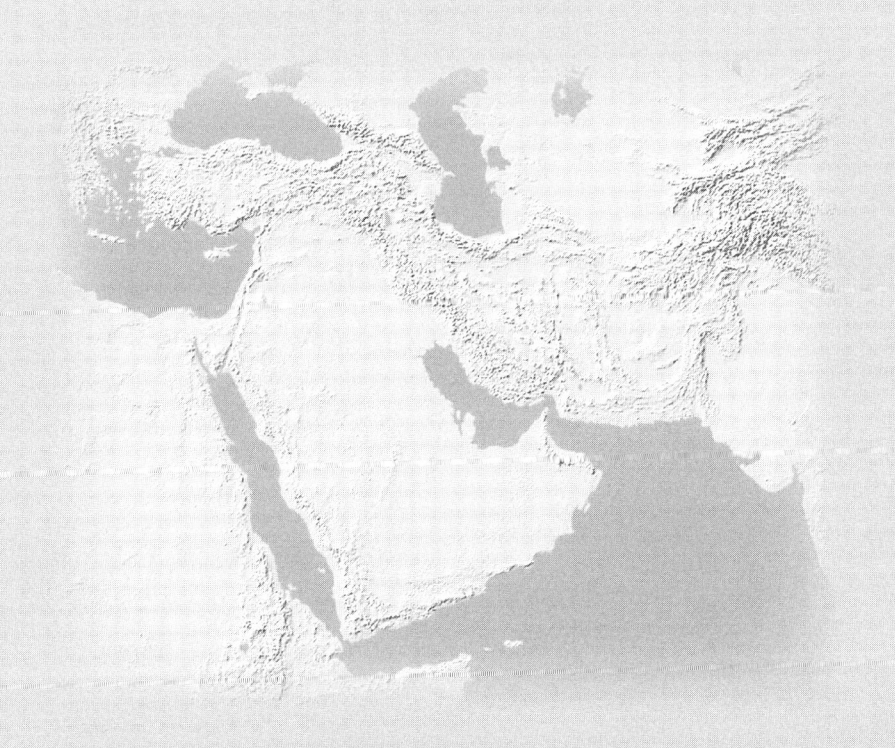

1 イスラエルという国

（1）混迷する和平交渉

　2008年末に勃発したガザ紛争以来中断され，1年8カ月ぶりに再開されたイスラエル・パレスチナ間の直接交渉が，10年10月に早くも決裂した。再開からわずか1カ月後のことである。最初の会談が開催された9月2日，同席したクリントン米国務長官は「すべての核心的な問題は1年以内に解決できる」として和平合意に意欲と期待感を示したが[1]，当初からその実現に対しては悲観的な見方が多かったことも事実であろう。

　ここでの"核心的な問題"とは，東エルサレムの帰属や国境の確定をめぐる問題，すなわちパレスチナ人国家を樹立し，イスラエルとパレスチナがそれぞれ民主的な国家として共存していくためにどうしても解決しなければならない課題を指している。しかし，その解決を目指して双方が同じテーブルにつくための条件が一向に整わないのである。交渉の前提として，パレスチナ側はイスラエルによる入植活動の全面凍結を，イスラエル側はハマスによるテロの停止とイスラエル国家の承認を求めているが，どちらの要求も満たされることはなく，それが度々交渉を中断させる原因となってきた。今回も同様である。東エルサレムへの入植活動を凍結しないイスラエルに対してパレスチナ側が反発し，交渉を打ち切ったのだ。

　1993年，問題解決に向けて本格的な協議が開始されるきっかけとなった暫定自治原則宣言，いわゆるオスロ合意が結ばれた頃には，パレスチナ人国家の建設は時間の問題と考えられるほど楽観ムードが漂っていた。交渉を継続し，双方なりの妥協を積み重ねていった結果，共存に向けた枠組みが着々と形成されていたからである。

Ⅲ　イスラエルはなぜ，頑固なのか

　しかし，交渉の内容が"核心的な問題"を扱う局面まで来ると，お互いに妥協点を見いだすことができなくなってしまった。ただしそれは，単にユダヤ教徒，イスラム教徒双方の聖地が存在する東エルサレムの帰属をめぐる対立というよりも，これまでの妥協は本当に自らの利害にかなう成果を生み出すのかという疑問から生じているものではないだろうか。

　そもそも20年前，長年にわたって対立関係にあったイスラエルとパレスチナが重い腰を上げ，共存への道を模索し始めたのは，それ以外に双方が生き残る道はないと考えられたからである。建国以来常に安全保障が問題となってきたイスラエルは，慢性的な財政赤字で破綻寸前の状況にあった。冷戦が崩壊し，大国の中東政策が変化し始めるなかで，これまでのように米国に大きく依存することも難しくなっていた。他方で祖国を占領されたままのパレスチナも，40年かけても武力闘争では郷土を取り戻すことはできず，それどころか，反イスラエルの立場から湾岸戦争時にイラクを支持したことで最大の支援者であったアラブ産油国を敵に回してしまい，中東のなかで孤立することとなってしまった。それゆえこうした状況が改善されるのであれば，たとえ積極的に和平推進を支持するわけではなかったとしても，地中海東岸にあるこの小さな地域に２つの国家を共存させる可能性について考えてみてもよいのではないか，というのが，当時和平に期待を寄せた住民の正直な気持ちだったのではないかと思われる。

　しかし残念ながら，どちらの期待も裏切られることになった。双方なりに妥協を重ねても暴力の応酬は止まらず，それが和平交渉を中断させる原因となり，その結果パレスチナ国家の建設計画も一向に前進することはなかったからである。オスロ合意から続く一連の交渉が2000年７月にいったん決裂した背景には，こうした事情が存在していた。その３年後，米国，ロシア，欧州連合（EU），国連の４者が中心となって交渉が

仕切り直されたが，再び頓挫。07年にもブッシュ大統領の主導で1年以内の和平実現を目指したが，翌年末に開始されたガザへの空爆以降，交渉はまたもや中断されたままとなっていた。

　和平に対する住民の失望感は，彼らを代表する政府の行動にも現れている。イスラエルとパレスチナがお互いに示している交渉再開の条件がまるで整う気配をみせないのもそのためであろう。ただしそれは，交渉の窓口となっている双方の政府そのものにも原因があるといえる。まずはパレスチナ側であるが，ファタハ主導の自治政府はヨルダン川西岸地区を代表するのみで，ガザ地区を実効支配するハマスとは政治的に対立関係にある。つまり，パレスチナ問題を解決するための交渉は，イスラエル政府とパレスチナの一部のみを代表するファタハとの間で行われてきたのだ。

　パレスチナでは06年に実施された評議会選挙で，それまで自治政府の主流派であり，故アラファト議長の流れを汲むファタハではなく，イスラエルへの武力闘争を放棄することはないと明言しているハマスが大勝した。民主的な選挙の結果であったとはいえ，いまだにイスラエル国家の存在を認めず，同国への攻撃を続けているハマス政権とイスラエルが今後の和平について話し合うことは不可能であろう。当然のことながら，パレスチナ側の交渉相手は自治政府のマフムド・アッバス大統領のみとなった。しかし，そのことが何の解決にもつながらなかったことはいうまでもない。アッバスの再三にわたる説得にもかかわらず，ハマス側がイスラエルを承認することはなく，それどころか彼らは07年6月にガザ地区を掌握した後，そこを拠点にイスラエルへの攻撃を繰り返すようになったからである。イスラエルや欧米諸国がパレスチナ自治政府に対し，どれだけ暴力の停止を要請しても，もはや西岸部のみを代表するに過ぎないアッバス大統領1人にハマスの行動を抑えることはできない。パレスチナ側の代表にハマスを引き込まないかぎり，イスラエル側が求める

条件を整えることはできないのである。

(2) 入植地をめぐる問題

　他方でイスラエル側の代表が，交渉再開の妨げとなっている入植地建設にこだわる理由についても説明が必要であろう。そもそも現在政権の中心的存在であるリクードは，70年代初頭の設立当時から領土拡大や入植地建設を支持する"大イスラエル主義"を主張してきた。しかし05年，当時の首相アリエル・シャロンが実施したガザ地区の全入植地およびヨルダン川西岸地区の一部入植地を撤去するという計画，いわゆる一方的分離計画をめぐって党は分裂。ガザ撤退を支持したメンバーは，シャロンとともにリクードを離れてカディマ新党を結成し，残ったメンバーはこうした主張を一層強めることとなったのである。

　かつては"入植の父"と呼ばれ，和平に対して常に強硬姿勢を取っていたシャロンが，突如大イスラエル主義に逆行するかのような行動を起こした理由の1つは，領土内における民族別の人口比に関係すると考えられている[2]。イスラエルがユダヤ人の国家であるためには，ユダヤ人がその多数派を占めていなければならない。しかし，イスラエル国籍をもつ住民の8割弱は現在でこそユダヤ人であるが，将来的には人口増加率の高いパレスチナ人によって逆転されるおそれがある。そのうえで，さらに約400万人のパレスチナ人が生活する占領地を自らの統治下に置き続けるならば，今後イスラエルにおける民主的な国家運営は不可能となるであろう。なぜなら，多数派を占めるパレスチナ人の権利を無視しなければ，いずれイスラエルはパレスチナ人の利害を反映する国家となってしまうからである。

　また，わずか8200人のユダヤ人が点在するガザ地区からは完全に撤退し，他方で約23万人が面のなかで生活するヨルダン川西岸地区の入植地を維持する方が，経済的な負担を緩和するだけではなく，治安維持も容

易になる。つまりシャロンの唱えた一方的分離政策とは，パレスチナとの和平を最大の目的にしたものというよりも，占領地を切り離すことで"ユダヤ人のためのイスラエル"を維持する試みであったと捉えることができるだろう。それはそもそもガザ撤退がパレスチナとの対話に基づくものではなく，一方的に実施されていたということや，ガザからは完全に撤退する一方で，02年6月頃から停戦ラインを大きくはみ出す形でヨルダン川西岸地区の入植地を取り囲むように分離フェンス（隔離壁）が建設されていたことからも明らかである。

　このシャロンによる「交渉相手の有無を問わずに占領状態に一方的な終止符を打つという新たな路線」はイスラエル住民に受け入れられ，誕生したばかりのカディマは06年3月の総選挙において予想議席数を下回りつつも第1党の座を獲得することに成功した。おそらくそれは，単にシャロンのカリスマ性や同党が中道的であったことだけによるものではなく，彼の示した現実路線こそが唯一実現可能な政策として支持された結果だったからではないだろうか。90年代以降は右派政党であれ左派政党であれ，政治経済面における政策はいずれも新自由主義的なものにならざるをえず，それゆえ各政党はパレスチナとの和平をめぐる方針のなかでその立場の差を主張するしかなかった。とはいえ，大イスラエル主義を唱えて占領状態を継続しようとする右派の視点も，相変わらずパレスチナとの交渉を重視しようとする左派の視点も，もはや住民の目には非現実的な政策としてしか映らなかったのであろう[3]。

　しかし，このカディマの方針がイスラエルの治安を安定させることはなかった。カディマを中心とした連立政権が樹立された直後からハマスやレバノン南部に拠点をおくシーア派組織ヒズボラがイスラエル兵士を拘束するという事件が相次ぎ，その対処を迫られたからである。06年6月末，イスラエル政府は兵士を救出するために，撤退したばかりのガザ地区を封鎖して同地区への全面攻撃を開始し，7月半ばにはヒズボラと

も戦闘状態に突入した。またハマスが翌年6月にガザ地区を掌握した後は、いっそう激化する攻撃を阻止するため、同地区に対する大規模空爆にも踏み切らざるをえなかった。

　イスラエルにとっての和平とは、第1に自国の安全を保障するものでなければならない。ガザからの撤退も、あくまでイスラエルの治安を改善するための試みであったはずである。しかし実際には、その空白地帯をハマスが占拠し、ガザからのロケット弾攻撃を受けることとなった。イスラエル軍が撤退したレバノン南部も、同様にヒズボラの活動拠点となっている。数年にわたって交渉を継続し、イスラエル側の考える譲歩を重ねても、治安は安定するどころか悪化の一途をたどっている。その結果、イスラエル住民の多くは、対話や譲歩よりも武力によって治安を守るべきとする主張を支持し始めたように思われる。

　事実、ガザ紛争の余韻が残る09年2月の総選挙において、リクードは前回と比べて15議席増の27議席を、またロシア系の右派政党イスラエル・ベイテヌは4議席増の15議席を獲得した。他方でカディマも、リクードと1議席差で第1党の座を守り抜くことには成功したが、票を伸ばした右派政党との連立交渉を進めることはできなかった。左派を代表する労働党でさえ、リクードの側に付いたのである。

(3) リクードの立場

　右派連立政権の樹立とともに2度目の首相に就任したベンヤミン・ネタニヤフは、ガザからの一方的撤退をめぐってリクードが分裂した際、真っ向からシャロンと対立して大イスラエル主義を主張し続けた人物である。彼は90年代後半に首相に在任していたときも強硬なテロ対策を実施し、またパレスチナのアラファト議長との間で結ばれたヨルダン川西岸地区からのイスラエル軍の追加撤退などを定めたワイ合意も事実上凍結するなど、和平推進には一貫して消極的な態度を示してきた。カディ

マ結成直後に実施された選挙の結果,リクードは280議席中わずか12議席を占めるに過ぎない少数政党に転落していたが,ネタニヤフの首相への再登板は,変化しつつあったイスラエルの世論がこうした彼の姿勢を評価したものではないかと思われる。

　しかし,国内では"正当化"された彼の主張が,最大の支援国である米国との関係を微妙なものとし,彼の立場を板挟み状態に追い込んだことも事実である。ネタニヤフが首相に就任する2カ月前,米国では民主党による新政権が誕生していた。執務を開始したオバマ新大統領は,歴代の米大統領と同様に中東和平の実現を外交の最重要課題に位置づけ,その包括的な合意を目指してきた。ただし,同政権がそれまでと若干異なっていたのは,少なくとも就任当初は,アラブ諸国との"対話"を重視してこれまでの反米感情を払拭し,中立的な立場を維持しようと努力していたことであろう。それゆえ彼は,中断されたままの和平交渉を再開し,またアラブ諸国に対するイスラエルとの関係正常化への具体策を提示させる条件として,パレスチナ側に対しては従来通り"暴力の放棄"を求めたが,イスラエル側にも"入植地建設の凍結"を強く要求してきたのである。

　入植活動の停止を認めるということは,ようやく政権に返り咲いたリクードにとって,その存在意義自体を否定することを意味する。とはいえ,米国との関係も無視することができないイスラエルは,結局10カ月間という期限付きでその要請を受け入れざるをえなかった。もっとも国内向けには"入植地建設の停止"ではなく,"建設規模の縮小"という言葉を使用して,入植地で生活するイスラエル住民に一定の配慮を示すことも忘れなかった。また既存の入植地における住民増加については新たに約500戸の住宅建設も約束したが,長年ネタニヤフやリクードを支持してきた住民にとっては,入植地のいかなる形での縮小も認められるものではない[4]。和平に対する世論が消極的な姿勢を示し始めるなかで,

こうした中途半端な政策が継続されるならば、リクードへの支持はイスラエル・ベイテヌなどさらに右よりの政党へと流れかねないであろう。

　2010年9月下旬、10ヵ月という入植凍結の期限が切れたのと同時に、イスラエルがヨルダン川西岸地区における入植地での建設を再開したのはこうした事情によるものである。入植活動の全面凍結を交渉の前提とするパレスチナ側にとってこの行為はまったく認められるものではなく、それゆえ直接交渉は再び決裂することとなった。中間選挙での惨敗を挽回するうえでも、何としても交渉を再び軌道に乗せたいオバマ政権は、軍事支援などの見返りも示しながらさらに3ヵ月の入植活動停止を迫ったが、リクードを中心とする右派連立政権がそれを受けることはなかった[5]。もっともネタニヤフ首相の説明によれば、こちらは米国の提案を受け入れるつもりで準備していたが、米国側が「もはや凍結を期待していない」と連絡してきたとしている[6]。

　双方の主張の真意はともかく、少なくともイスラエルの考える安全保障が確実なものとなるまで、現政権下で入植活動が停止されることはありえないだろう。事実、11年3月に西岸の入植地で一家5人が殺害された事件を受けて、ネタニヤフ首相は数百戸の追加的な住宅建設を承認した。アッバス大統領は事件についてはイスラエル側に哀悼の意を伝えたが、住宅建設についてはまったく容認できないとの声明を発表している。現状では交渉を再開するための条件整備でさえ双方の溝を埋めることは難しいといわざるをえない。

2 実は天然ガス大国

(1) イスラエルのエネルギー事情

　国内に民族問題を抱え続けてきたイスラエルは，その結果周辺のアラブ諸国とも対立せざるをえない状況にあったが，そのことによりこの国が受けた大きなダメージの1つがエネルギーの安定確保をめぐる問題であった。

　天然資源の乏しいイスラエルは，48年の建国直後から国内における石油探査に乗りだし，50年前後から現在までに約500カ所で試掘を実施している。結果，アシュケロン南部のヘレズ地域や死海周辺などで石油が発見されているが，その産出量はわずかであり，国内の石油需要のほぼすべては輸入に依存しなければならない[7]。とはいえ，アラブ諸国やイスラム革命後のイランとの対立により近隣産油国から安定的に石油を輸入することは難しく，これまでその確保のために多くの困難をともなってきた。とくに73年の第4次中東戦争時には，中東産油国から石油の供給を受けていた国と比べて2倍以上の金額を支払わなければならず，その輸入額は72年の9,800ドルから75年には6億2,800万ドルへと急増している。第3次中東戦争で占領し，国内で必要な石油の大半を依存していたシナイ半島の油田のほとんども，75年の第2次兵力引き離し協定に基づいて手放さざるをえなくなり，石油輸入額はさらに増加して80年には18億ドルに達していた[8]。

　こうしたなかでイスラエルは石油の入手先を細分化させるとともに[9]，エネルギー源の多様化にも取り組み始めた。その結果，80年代以降は現在も発電の主力燃料となっている石炭の国内への供給量が急増しているが，それは石油に比べて石炭の入手先が豊富であること，また輸送や保

管も比較的容易であることなどが理由とされている。こうして2000年頃までにイスラエルにおける発電燃料の約7割は石炭に置き換えられていったが，問題もある。石炭そのものは安価に入手できるが，石炭を燃料とする発電所にはその荷揚げ施設や貯蔵場所，また冷却装置などが必要であるため，設備の建設にかなりの額がかかるからである。また京都議定書に署名済みのイスラエルは温暖化対策といった面も考慮しなければならないため，社会的なコスト全体でみるならば，決してメリットばかりの選択肢であるとはいえない[10]。

その後イスラエルは，2000年代半ば頃から天然ガスへの依存を強め，事実政府も国内における天然ガスの消費量を2010年には約80億立方メートル，15年には約120億立方メートルにまで拡大させ，1次エネルギー構成の25％を天然ガスに置き換えようと計画している[11]。

イスラエルが天然ガスへの依存を強め始めたのは，エネルギー源を多様化させること，環境への配慮や石油よりも安価であるということのみならず，これまでほとんど化石燃料が存在しないとされていた同国で，ガス田が発見されたことによる。99年から2000年にかけて，アシュケロンの海上沖に合計約320億立方メートルのガスリザーブ（ノアおよびマリB天然ガス田）が確認され[12]，すでに生産が開始されているマリB天然ガス田からは，03年以降11年間の契約で年間約16億立方メートルのガスがイスラエル電力公社に供給されている。

さらに09年にハイファ西方90キロの地点にあるタマル天然ガス田で約2,300億立方メートルのガスリザーブが[13]，また10年末にはその2倍以上となる約4,530億立方メートルのリザーブがリバイアサン天然ガス田で確認された[14]（図表Ⅲ-1参照）。この埋蔵量は，数十年間にわたってイスラエルの国内需要をすべてまかなえるのみならず，国外への輸出も可能になる量とされている。

67

(2) 天然ガス開発の課題

　相次ぐ巨大天然ガス田の発見は，この国が長年抱えてきたエネルギー問題を一挙に解決し，また天然ガス輸出国への道を開くものとして大きな期待がよせられた。実際に輸出が可能になれば，イスラエルに年間約50億ドルの収入をもたらすという試算もある[15]。ただし，天然ガス田の開発をめぐってはいくつかの課題も存在していた。

　その1つ目は，天然ガス市況をめぐる問題である。現在，国内需要の約半分を供給しているマリB天然ガス田の採掘は14年前後に終了する予定であるが，13年頃には国内需要のほぼすべてをまかなえると考えられているタマル天然ガス田からの生産が開始される。それに加えて巨大なリバイアサン天然ガス田の開発や生産に着手するならば，輸出を前提としたものでなければならない。

　しかし採掘技術の向上とともに大量生産が可能となった"シェールガス"（堆積岩の一種である頁岩層から採取されるガス）の影響で，現在天然ガスは米国を中心に供給過剰の状態にあり，たとえば北米の天然ガス相場は08年の約12ドルから現在では約4ドルにまで暴落している。年間7700万トンを生産する巨大な天然ガスの液化施設を完成させ，ロシア，イランに続く第3位の輸出大国となったばかりのカタールも，当初主要な輸出先として見込んでいた北米市場を失い，計画の変更を迫られるといった状況下にある[16]。採算を度外視するならともかく，こうしたなかで一から輸出設備を整え，競争の激化する天然ガス市場に参入することは，大きなリスクをともなうものといわざるをえない。

　2つ目は，イスラエル政府が財政改革の一環として，資源開発企業に対する税率を現行の33％から収益の規模に応じて52％から62％へと引き上げる案を発表したことである[17]。財政難にあえぐ政府が巨大天然ガス田によって生み出される収益を当てにしたものであることはいうまで

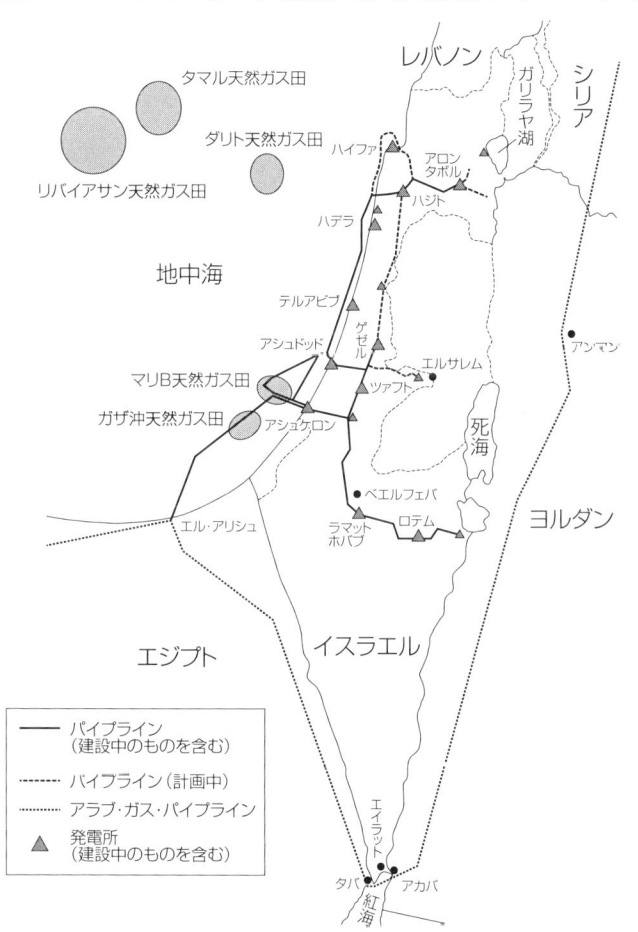

Ⅲ　イスラエルはなぜ，頑固なのか

図表Ⅲ-1　イスラエルの天然ガス田と天然ガス・パイプライン

出所：イスラエル国家基盤省ホームページ，Popper, S. W., et al, *Natural Gas and Israel's Energy Future*, RAND, 2010, p.10. その他資料より作成。

もないが，既述のとおり天然ガス市場が厳しい状況にあるなかでの税率引き上げは，単に企業の収益を圧迫するだけではなく，今後の天然ガス田開発そのものを停滞させるおそれがあるだろう。事実，タマル天然ガ

ス田の開発にもかかわっているデレク・グループのCEOは,「これでは巨額の投資がイスラエルを敬遠することになる」として,政府の動きを非難している[18]。

(3) 開発への動き

　こうしたなかで,11年1月末に勃発したエジプトでの政変が,再びイスラエルにおける天然ガス開発を後押ししようとしている。

　イスラエルは08年からパイプラインを経由して国内で使用される発電向け天然ガスの約半分をエジプトから輸入してきた。イスラエル・エジプト間での天然ガスの取引については,96年11月にカイロで開催された第3回中東北アフリカ会議のなかで発表され[19],01年1年にイスラエル電力公社が実施した天然ガス供給業者の入札においてエジプトの東地中海ガス(EMG)が過半数の割当を勝ち取ったことで具体化したものである[20]。しかし,戦略的な資源である天然ガスのやり取りは危険と考える双方の反対派の主張によって計画は一向に進まず,7年後にようやくパイプラインが開通した後も,そうした声が収まることはなかった。エジプトでムバラク政権に対する反政府運動が激しくなると反体制派の一部もここに結びつき,2月上旬に生じたシナイ半島エル・アリシュ付近のパイプライン爆発事故も彼らが関与しているのではないかと憶測されている。

　パイプラインの爆発によってエジプトからイスラエルへの天然ガス供給は当面停止されることとなったが,興味深いのはその翌日,イスラエルにおける資源関連企業の株式が軒並み上昇していたことであろう[21]。少なくとも市場は,さまざまな事情で停滞していた天然ガス開発が,事態を受けて一気に加速すると判断したのである。事実,4月半ばにはイスラエルとギリシャ政府との間で,リバイアサンからの天然ガス輸出をめぐって大きな進展があったと発表されており[22],イスラエルが資源

輸出国となる可能性が現実味を帯びてきた。

　また，3月末には資源関連企業への税率引き上げに関する法案が国会を通過したが，当初はリクードを支持し，内部から課税強化を阻止しようと働きかけていた数百の少額投資家がカディマの支持に回り，第2，第3読会（イスラエルの国会にあたるクネセトでは，議案の審議について読会制が採用されている）での逆転の機会を狙っている。現在イスラエルには資源関連株を有する約30万の小株主がいるとされているが，「カディマこそが中間階級の指導者である」と主張し始めた彼らの存在を，連立与党も無視できない状況となりつつある[23]。こうした勢いに押され，わずかではあったとしても法案に修正が加えられるようなことになれば，これもまた企業側を後押しする動きとなるのではないだろうか。

3　イスラエルの命運

（1）新たな火種

　こうしてイスラエル国内においては天然ガス開発に向けた動きが加速しつつあるが，開発が現実化するなかで，新たな火種が生み出されようとしている。相次いで発見された巨大天然ガス田に対し，隣国レバノンがその所有・開発権を主張し始めたのである。

　10年12月末にリバイアサン天然ガス田の開発にかかわるノーブル・エネルギーがその膨大な確認埋蔵量を発表した直後，レバノンのアリ・シャミ外相は国連事務総長に対し，レバノン領海内でのイスラエルによる資源開発を停止させるよう要請した。レバノン政府は，ダリト天然ガス田およびタマル天然ガス田の発見時にも同様にイスラエルを非難している。当然のことながらイスラエル側はこれに反発し，ヤコブ・ミムラン

国土基盤相は「リバイアサンはもちろんのこと，タマルもダリトも，明らかにイスラエル側の排他的経済水域内に存在するものである」と反論した。ただし実際のところ，陸上における境界については2000年に国連によって定められたものの，両国間の海域は明確に定められているわけではない[24]。

　国連は，両国の対立に関して不介入の姿勢を示しているが，決して良好な関係にあるとはいえないイスラエルとレバノンが，話し合いのみで事態を解決することができるとは思えない。場合によってはヒズボラを交え，実力行使をともなう状況に発展する可能性もあるだろう。

　実はレバノンに加え，トルコとの間でも同じようなことが起こりつつある。10年12月，イスラエルとキプロスは両国間に広がる約250キロメートルの海域に境界を設定することで合意し，その合意の下で域内の海底に眠る天然ガスや石油などの資源開発を進めていくことが可能となった。

　しかし現在，キプロス島はギリシャ系住民を中心とした南部のキプロス共和国と，トルコ軍が実効支配する北部の北キプロス・トルコ共和国とに分断されたままの状態が続いているため，北部を無視し，南部を代表する政府とのみ交わされた合意は無効であり，またキプロス問題の解決を遠ざけるものとして，トルコ政府が反発しているのである。イスラエル側もトルコに対して，そもそもこの合意はイスラエルとキプロスとの間で結ばれた２国間協定であり，第３国が関与する問題ではないと反論している[25]。

　かつては中東において数少ないイスラエルの友好国であったトルコだが，08年のガザ紛争や，その２年後に封鎖中のガザに向かっていた国際支援船をイスラエル軍が攻撃し，トルコ人を中心に十数名の死者が発生した事件などを受けて，ここ数年両国の関係は悪化している。今回のキプロスとの合意がさらに拍車をかけることになるであろうことはいうま

Ⅲ　イスラエルはなぜ，頑固なのか

でもないだろう。

　他方で近年，トルコはイランとの関係を深めており，イランの核開発を支持しているだけではなく，イランの兵器がトルコを迂回してシリアに流れているといった噂や，トルコ人やその企業がイランの弾道ミサイル開発にかかわっているのではないかという疑いも取り沙汰されている[26]。イスラム圏にありながらも世俗的な民主主義国家であるトルコは，中東では唯一の北大西洋条約機構（NATO）加盟国であり，これまで欧米諸国からも信頼がよせられてきた。しかし最近のこうしたトルコの動きに対して，米国をはじめとする西側諸国も警戒の色を強めている。ましてやイスラエルの場合は度々合同軍事演習を行ってきたこともあり，万が一その軍事機密がトルコを通じてイランに漏れるようなことになれば，これまで微妙なバランスの下で対峙してきたイスラエルとイランとの関係にも，大きな変化がもたらされることになるかもしれない。いうまでもなく，マイナスの方向にである。

（2）目指すべき方向

　相次ぐ天然ガス田の発見は，間違いなく長年の懸念であったエネルギーの安定供給をめぐる問題を解決し，今後この国に莫大な富をもたらすであろう。しかしそれと同時に，これまでとは異なった角度からイスラエルと近隣諸国との対立を生み出すきっかけにもなろうとしている。

　巨大天然ガス田に与えられたリバイアサンという名は，旧約聖書に登場する海の怪物に由来する。誰も支配することができず，誇り高い獣すべての上に君臨するこの怪物は，天地創造の過程で神によって造り出されたものである。それはヨブ記のなかで，人間の力だけではどうすることもできない運命をたとえるものとしても登場する。おそらく，ここではヨブに突然襲いかかる不幸や苦しみをリバイアサンになぞらえているのであろう。それに対して神は「お前はリバイアサンを鉤にかけて引き

上げ，その舌を縄で捉えて屈服させることができるのか。(中略) 戦うなどとは二度と言わぬがよい。勝ち目があると思っても，落胆するだけだ」と言って怒りを表した。しかし，それでも神に挑戦し，このリバイアサンを無理に鉤にかけて引き上げようとするならば，一体何が起こるのだろうか。奇しくもリバイアサンと名付けられた天然ガス田を前にして，イスラエルを取り巻く環境はこれまで以上に厳しいものになろうとしている。

　民族対立に加え資源をめぐる争いが生じようとしているなかで，事態を打開するためには，まずはパレスチナ側が要求する入植地建設の凍結を足がかりとするしかない。国内でのテロやガザ紛争はもちろんのこと，数度にわたる中東戦争も，レバノン戦争も，湾岸戦争時にイラクからミサイルを撃ち込まれたことも，イランとの対立も，現在トルコとの関係が悪化しつつあることも，そしてそこから派生した数え切れないほどの政治経済問題も，少なくとも表向きには，常にパレスチナ問題が関係してきたからである。この問題が解決しないかぎり，イスラエルは"普通の国"として前進することができないのだ。それは現在の連立政権も十分に理解しているはずであるが，残念ながら既述のとおり，現時点で彼らが直ちに入植地を放棄することはないであろう。

　パレスチナとの和平交渉は膠着状態が続いている。しかしそれでも2国共存に向けた動きは，もはや後戻りできないところにまで来ている。かつてシャロンが計画し実行したガザからの撤退は，交渉相手を無視した一方的なものではあったが，こうした状況を踏まえて彼なりに"イスラエルの本質"を守ろうとしたものだったのではないだろうか。イスラエルが真に守らなければならないものとは何なのか。その本質をもう一度整理しなければ，失うだけに終わる未来へと進んでしまうことになるかもしれない。

注

(1) 米国務省ホームページ参照。
(2) 立山良司「パレスチナ問題の現状と展望」『中東諸国における政治情勢および経済等の現状と今後の展望』みずほ情報総研，2006年，47頁。
(3) 池田明史「パレスチナ情勢の構造的転換」『中東協力センターニュース』(中東協力センター) 30(2)，2006年，70-71頁。
(4) *Haaretz*, September 7, 2009.
(5) 『朝日新聞』2010年12月8日。
(6) *Haaretz*, January 3, 2011.
(7) イスラエル国家基盤省ホームページ参照。
(8) Rivlin, P., *The Israeli Economy*, Westview Press, 1992, p. 11.
(9) イスラエル統計局の資料には具体的な輸入元の記載はないが，メキシコや北海，西アフリカ，ロシア，中央アジアなどを中心とした地域から輸入されていると考えられている。
(10) Popper, S. W. et al., *Natural Gas and Israel's Energy Future*, RAND, 2010, p.14.
(11) 石田聖「中東地域の天然ガス(下)―今後の生産，消費，輸出の展望―」『石油・天然ガスレビュー』44(1)，石油天然ガス・金属鉱物資源機構，2010年，4頁。
(12) Delek Groupホームページ参照。
(13) *Globes*, Feb. 10, 2009. タマル天然ガス田の当初の確認埋蔵量は約5兆立方フィートであったが，その後の調査で約8兆立方フィートへと上方修正されている (*Jerusalem Post*, July 8, 2009)。
(14) *Jerusalem Post*, December 29, 2010.
(15) *Globes*, February 27, 2011.
(16) *Haaretz*, January 6, 2011.
(17) *Haaretz*, January 23, 2011.
(18) *Globes*, January 17, 2011.
(19) *Haaretz*, December 23, 1999.
(20) *Globes*, January 25, 2001.
(21) *Globes*, February 6, 2011.
(22) *Globes*, April 12, 2011.
(23) *Globes*, April 4, 2011.
(24) *Haaretz*, January 5, 2011.
(25) *Haberturk*, December 20, 2010.
(26) *Haaretz*, February 7, 2011 and Mar. 20, 2011.

Ⅳ

パレスチナは独立宣言できるのか

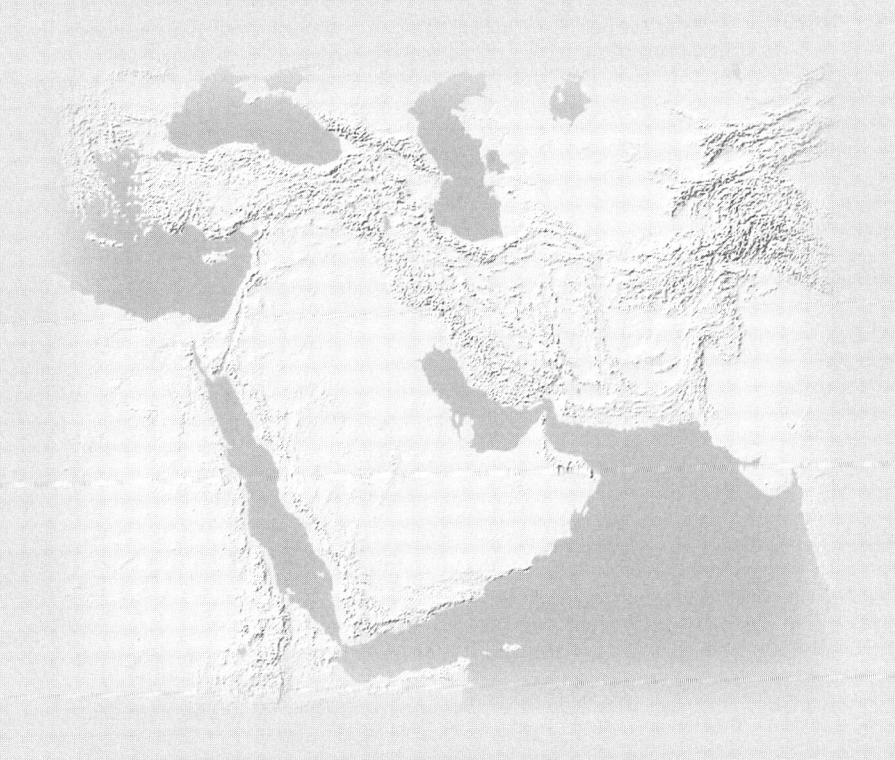

1 パレスチナとは一体,何か

(1) パレスチナ住民の不満

　2011年1月にチュニジアで発生した民主化要求デモはその後次々と中東各国に飛び火し,エジプトでは30年におよぶムバラク政権が崩壊,リビアでは大規模な内戦に多国籍軍が介入し,新たな戦争が拡大しつつある。中東ではこれまでも多くの紛争が繰り返されてきたが,その大半は,少なくとも表向きは,民族・宗教対立や欧米列強との対立を背景としたものであった。他方で今回みられる状況は,長期にわたり独裁的な政治を展開してきた政府に対し,自国民が一斉に立ち上がったものである。実際に,反政府デモが展開されている地域において,既述のエジプトはもとより,リビアのカダフィ政権は41年,イエメンのサレハ政権も20年以上と,同一の指導者の下で抑圧的な政治が行われてきた。

　こうした状況に刺激を受けてパレスチナの住民も声を上げ始め,エジプトの反政府デモを支持するために開かれた集会には自治政府の治安部隊が介入して鎮圧するなど,自治政府と住民との衝突もみられている。とはいえ,パレスチナでの動きは他の中東諸国に比べると限定的であり,今後も大規模な反政府運動へと発展することは少ないであろうという見方が大半である。というのもパレスチナ住民が抱える不満の多くは自治政府やハマスというよりも,イスラエルによる占領状態が続いていることに由来していると考えられるからである[1]。事実,3月半ばに当初パレスチナの若者が中心となってフェイスブックで呼びかけ,ヨルダン川西岸地区とガザ地区に数万人を集めたデモは,現在対立関係にあるパレスチナ自治政府とハマスとの結束を求めるものであり,他の地域でみられたような政権打倒を目的とするものではなかった[2]。他方でイスラエ

ルに対しては，フェイスブックに書き込まれた第3次インティファーダを求める声に数万人が支持を表明し，イスラエルのエデルステイン離散問題大臣がフェイスブックの創設者であるマーク・ザッカーバーグ氏にページの削除を要請する事態にまで発展している(3)。

　近隣の動きに触発され，同じように声を上げたパレスチナの若者ではあるが，その対象はエジプトやリビアのように自らの政府に向けられたものではない。こうした様子は，まさにこれまでパレスチナがおかれてきた状況を象徴するものであろう。ユダヤ人が祖国を"復興"した第1次中東戦争を境に，パレスチナ人は郷土を失うこととなった。その後約半世紀を経て本格化した中東和平交渉も近年は一向に進展せず，パレスチナ国家樹立の条件となる最終地位交渉も先送り状態にある。なぜパレスチナはこうした状況下にとどめおかれたままなのだろうか。

(2) パレスチナの起源

　インターネットなどで"パレスチナ"の位置を検索すると，いわゆる"パレスチナ自治区"の地図が示されることが多い。しかしその名は元々，パレスチナ自治区のほかにも現在のイスラエルやヨルダン，レバノン，シリアの一部地域に対して与えられたものであった。ただし，複雑なのは，その地域がそのまま広義で捉えたイスラエルにもあてはまることであろう。

　聖書にあるように，この地はかつてユダヤ人たちの祖先が活躍した舞台であった。創世記では"カナン"と呼ばれ，ダビデやソロモンが王国を築いたとされる場所でもある。しかしソロモンの死後，王国は南北に分裂し，北のイスラエル王国はアッシリアに，南のユダ王国はバビロニアに征服されて，以後同地は周辺列強の勢力下におかれることとなった。

　紀元前538年にペルシア帝国のキュロス王が新バビロニアを滅ぼしたことで，バビロニアに捕らえられていたユダヤ人の多くはかつてのユダ

王国に帰還したが，ただしその地はすでにペルシア帝国20州の一部となっており，自治権をもった地域以上の発展を望むことはできなかった。その後，同地がローマの支配下におかれてからも，しばらくの間はペルシア時代と同様，ユダヤ人は自治権を行使することができた。しかしポンティウス・ピラトゥスがこの地域の総督に就任した頃から展開された反ユダヤ的な政策がユダヤ人住民の反感を買い，ユダヤ戦争と呼ばれる大規模な反乱を引き起こすに至っている。

この反乱は結局ローマによって鎮圧され，70年にはエルサレムも陥落する。生き残ったユダヤ人たちはその後も散発的に抵抗を続けていたが，135年に最後の拠点であったベタルが陥落した後は，大半のユダヤ人がこの地を追放された。それのみならず，ローマはこの地域からすべてのユダヤ的な記憶も消し去るため，かつての"ユダヤ"という地名を"パレスチナ"へと改めたのである[4]。ユダヤ人がこの地を"祖国"とする背景には，こうした歴史が存在している。

他方でパレスチナ側にも言い分がある。現在，パレスチナのアラブ人，またはパレスチナ人と呼ばれている人々は，自らをこの地域がイスラム教徒の支配下におかれていた時代にその影響を受けてアラブ化していった古代からの原住民の子孫であると考えている。つまりこの地がイスラム帝国の支配下におかれたときにアラビア半島からやって来た者の子孫ではなく，元々その地で生活していたペリシテ人やカナン人の子孫であると主張しているのである。それゆえパレスチナ人からすれば，ユダヤ人の祖先であるヘブライ人がパレスチナに移り住んだときにはすでにそこにおり，イスラエル部族の占領時代にも生き残り，ユダヤ人たちが追放された後もそこで生活を続けた自分たちの方が本来の住民ということになる[5]。

ただしこうした双方の主張を基に，古代から"アラブ対ユダヤ"といった対立構造があったわけではない。既述のとおり，ローマ支配の時代

IV　パレスチナは独立宣言できるのか

に多くのユダヤ人はすでにパレスチナを離れていたが，ガリラヤ地方を中心に細々と維持されていたユダヤ人共同体も存在しており，彼らとパレスチナ人とはその後20世紀初頭まで平和的に共存してきたとされているからである。もちろん例外的に，イスラム教への強制的な改宗やユダヤ教に対する弾圧がみられた時期もあったが，基本的にアラブ世界におけるユダヤ人は，人頭税さえ払えば身分と宗教の自由を保障されており，比較的安定した社会を維持することができたといわれている[6]。

（3）ユダヤ人移民がもたらしたもの

しかし図表IV-1のようにパレスチナへのユダヤ人移民が19世紀末頃から徐々に増え始め，第1次世界大戦後にそれが急増すると，事態は一変した。この時期に移民が増加した理由としては，第1に1917年のロシア革命が同地からユダヤ人を追放する形で作用していたこと，第2に同じく1917年に出されたユダヤ人の"ホームランド"建設を支援するという英国のバルフォア宣言が欧州各地のユダヤ人に影響を及ぼしたこと，

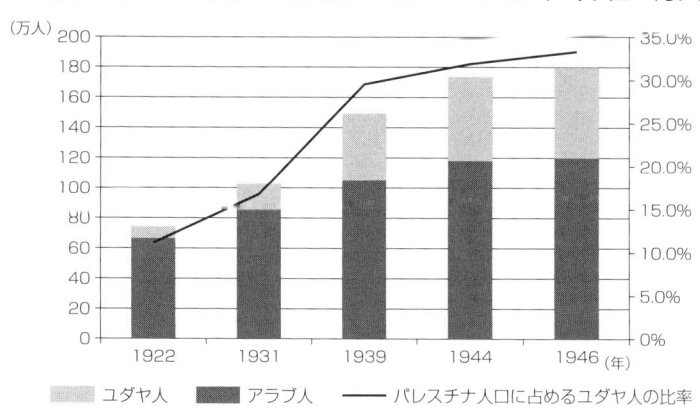

図表IV-1　パレスチナの人口：1922-1946年（単位：万人）

ユダヤ人　　アラブ人　　パレスチナ人口に占めるユダヤ人の比率

出所：Abed, G.T. ed., *The Palestinian Economy*, Routledge, 1988, p.16より作成。

第3に1920年に米国が受け入れ移民数を制限する移民法を導入したことなどがあげられるだろう(7)。

　ユダヤ人口の増加は，彼らと以前からの住民であったパレスチナ人社会との間に存在した差異をいっそう強調することなり，この地域にさまざまな格差をもたらす原因となった。

　たとえば，元々都市生活者であったユダヤ人たちは，パレスチナに移住した後も都市部に集中する傾向があり，1930年代半ばの時点で，彼らのうち4分の3がテルアビブ，ハイファ，エルサレムなどの大都市で生活していた。その結果，7割以上のユダヤ人は，都市部に集中する製造業やサービス業に従事していたが，他方で農村部を中心に生活していたアラブ人の場合は6割以上が農業従事者であったとされている。また，出身国で十分な教育を受けていたため，9割以上のユダヤ人男性，8割のユダヤ人女性は文字の読み書きができたが，アラブ人の場合は男性で約4割，女性では約2割に過ぎなかった(8)。こうした違いが両者間に数倍から数十倍に及ぶ賃金格差をもたらす原因となっていたが(9)，加えてユダヤ人機関やシオニスト基金などから経済的な支援を受けることができたユダヤ人は，教育や医療，福祉などの社会サービスにも十分な資金を配分することが可能であったため，パレスチナ人との経済格差はいっそう拡大していくこととなった。

　ユダヤ人の入植活動は，単に格差を広げていっただけではなく，アラブ人の生活そのものに大きな変化を強いる原因にもなっていた。とくに大きな影響を与えたものとして考えられるのが，ユダヤ人機関による農地の購入であろう。彼らが土地を必要としていたのは，パレスチナを目指してやって来るユダヤ人を，農業従事者として吸収したいと考えていたからである。というのも，入植を進めるには農業の方が製造業よりも資本や訓練期間を必要としないため，より効率的な方法であると考えられたことや，農業従事者の数を増やすことで，これまでサービス業に偏

ってきたユダヤ人の職業構成をバランスの取れた構造へと変化させることができるのではないかと期待されていたからである[10]。

この時期にユダヤ人機関が購入した土地は，パレスチナの全耕作地のうち約12％を占める程度のものであったが[11]，こうした土地はキブツやモシャヴなどの集団農場として運営されることとなったため，1930年から45年にかけて4万人以上のパレスチナの小作人たちがそれまでの耕作地を追われたとされている。もっともその数は若干誇張されているのではないかとみる視点や[12]，この時期に「ユダヤ人によって土地から追い出された農民の数は社会変動をもたらすほど多くはなかった」[13]という指摘も存在している。とはいえ，土地購入代金のほとんどが大地主へと流れるなかで，厳しい生活状態の下にあったパレスチナ農民たちは保障もないまま土地を追われていたことや，アラブ世界においてユダヤ移民がまったく異質のものとして目に映らざるをえなかったことを考慮するならば，こうしたユダヤ人によるパレスチナ人小作人の追い出しは実態以上に誇張して捉えられ，両者の対立を必要以上に激化させる原因になったと考えることはできるだろう。

こうしてそれまで平和的に共存していたアラブ人との摩擦や対立は避けられないものとなり，やがてその緊張は，双方に多くの負傷者を出す大規模な暴動へと発展していった。

2 パレスチナの悲運

（1）委任統治の放棄とパレスチナ版ディアスポラ

1922年にこの地を委任統治下においた英国も早くから両者の対立問題に注目しており，農業調査団をはじめとしてパレスチナにさまざまな調

査団を派遣し，報告書を提出させている。当初の英国の立場は，「当該地域をユダヤ人の祖国の建設ならびに自治機関の発達を保証するような政治・行政・経済状態の下におき」，かつユダヤ人機関を彼らの代表組織として認めるというものであった[14]。

しかし30年のシンプソン報告では，ユダヤ人機関によるパレスチナ人労働者の排除の問題が取り上げられるとともに，パレスチナ人の耕作技術が改善されないかぎり，ユダヤ人入植のためのいかなる追加的な土地もパレスチナには存在しないというような論調に変わってきている。とはいえ，その後ユダヤ人機関の代表者であったワイズマンと英国首相との間で交わされた手紙では，こうした点に関して英国は何ら干渉しない旨が約束されていたため，実質的に英国はユダヤ人入植を支持する態度を示し続けていたといえる。その結果，パレスチナ人はユダヤ人のみならず，英国に対しても反感をもつようになっていった[15]。

パレスチナ人の不満が各地で爆発する中，欧州で勢力を拡大していたナチス・ドイツが中東に南下し，彼らと結びつくことをおそれた英国は，次第にパレスチナ人寄りの姿勢を示し始めた。まずは37年のピール委員会でまとめられたパレスチナの分割案である。具体的にはパレスチナをユダヤ人国家とパレスチナ人国家とに分割してそれぞれに権限を与え，エルサレムとベツレヘムなどの聖地を含む一部地域のみを英国による委任統治下におくというものである。しかしユダヤ人のための国家樹立を認めるという点に納得がいかないパレスチナ人側によって，この案は拒否された[16]。

英国はその後39年に，10年以内にパレスチナ国家を樹立し，全人口に占めるユダヤ人の数を3分の1にとどめるため移民数を制限するといった，パレスチナ人にとっていっそう有利な提案を行ったが，彼らはこの案も認めることはなかった[17]。他方でユダヤ人側にとっても，それはパレスチナにおける祖国復興という彼らの目標を否定するものであった。

Ⅳ　パレスチナは独立宣言できるのか

ユダヤ人たちは米国の支持を得て英国の提案を拒否し，42年にはパレスチナ人との協力は否定しないものの，パレスチナに「新たな民主的世界機構の下に統合されたユダヤ人共和国を建設すべきである」[18]と主張して，英国に対してもテロ活動を行うようになっていた。こうしてパレスチナ人，ユダヤ人双方からの攻撃にさらされた英国は，同地の委任統治を放棄するに至ったのである。

その後この問題は国際連合に委ねられることになり，総会での決議に基づいて47年にはパレスチナの分割案（国連決議181号）が採択された。この決議をユダヤ側は"受諾できるぎりぎりの限度"として受け入れたのに対して，アラブ側は以下のような理由で反対した。第１にパレスチナにおけるユダヤ人の人口は全人口の３分の１以下であり，彼らはパレスチナの全面積の６％（耕作地で約12％）しか所有していなかったにもかかわらず，国連決議でユダヤ人の割り当てられた土地は全体の57％を占めていたこと。第２にユダヤ側に割り当てられた領土のなかでユダヤ人が圧倒的に多いのはテル・アヴィヴだけで，全体的にはパレスチナ人がユダヤ人を上回っていたこと（パレスチナ人51万人に対しユダヤ人は50万人）。第３にユダヤ側には彼らがほとんど生活していない南部のベエルシェバやネゲヴも割り当てられており，紅海へのルートが保証されていたのに対して，パレスチナ側は２つの地域に分割されていたこと，などである[19]（図表Ⅳ-２参照）。分割案の採択後，パレスチナでは両者の対立がますます激化していたが，48年５月14日，こうしたなかでユダヤ側は一方的にイスラエルの独立を宣言し，その翌日，パレスチナ人を支援するアラブ諸国の侵攻により，第１次中東戦争が勃発した。

パレスチナの独立を支援するという大義の下，多数のアラブ諸国を巻き込んで約半年間続いた戦争は，アラブ側が勝利を収めるであろうという当初の予想を覆し，むしろイスラエル側の優勢に終わった。国連の分割案でパレスチナ人に割り当てられた土地の半分以上はイスラエルに奪

われ，アラブ側に残されたのはヨルダン川西岸地区とガザ地区のみとなってしまった（図表Ⅳ-3参照）。しかしそれさえもパレスチナ人に委ねられたわけではない。ガザ地区はエジプトの占領下に，西岸地区もヨルダンの占領下におかれてしまったからである。

　第1次中東戦争によって94万人のパレスチナ人が元の生活圏を離れることになり，そのうち西岸地区には20万人，ガザ地区には2万人が留まったが，それ以外の者は近隣のアラブ諸国に逃れるしかなかった[20]。避難の過程でパレスチナ人が放棄した土地はイスラエルによって事実上没収されたため，帰る場所を失った彼らは，以後難民としての生活を余

図表Ⅳ-2　国連による分割案

図表Ⅳ-3　第1次中東戦争後のイスラエル

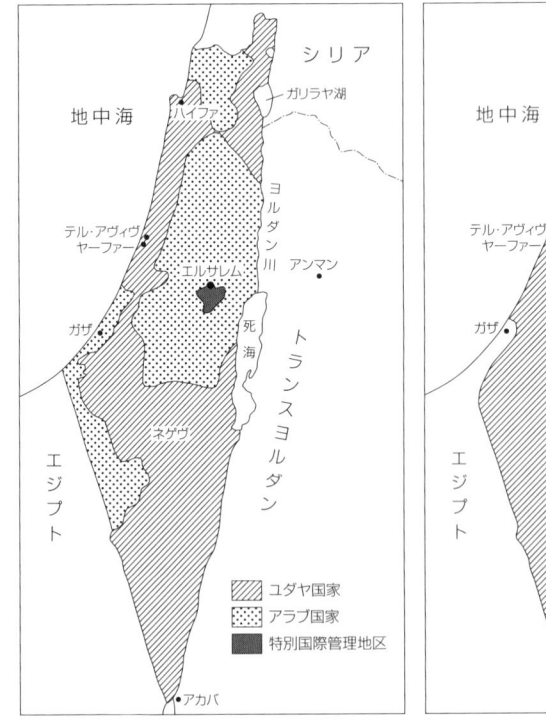

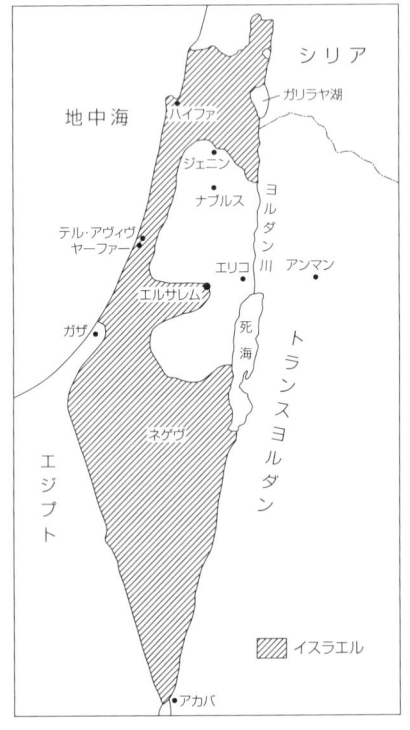

Ⅳ　パレスチナは独立宣言できるのか

儀なくされた。国連は48年12月に調停委員会を設置し，仲介者として領土問題や難民問題の解決を模索したが，双方が合意に達することはなく，3年間を費やした調停委員会の努力は失敗に終わった[21]。ただし注意しなければならないのは，この調停がユダヤ人を代表するイスラエル政府とパレスチナ人の代表者とを取り持つ形で行われていたわけではなかったことであろう。パレスチナ側の利害を代弁していたのはエジプトやヨルダンを中心とするアラブ諸国であり，パレスチナ人そのものは蚊帳の外におかれたままであった。

このような状況にパレスチナ人たちが不満をもつのは当然であった。こうして，かつては欧州のユダヤ人が民族国家の復興を目指してシオニズムを提唱したように，難民となってしまったパレスチナ人の間にも郷土の奪還を目指した民族主義運動が起こり始めたのである。それは50年代半ば頃から，主にパレスチナ人の青年グループの間でゲリラ戦によるイスラエルへの攻撃という形でみられるようになった。

(2) パレスチナ・ゲリラとパレスチナ解放機構（PLO）

周辺アラブ諸国にとって，彼らの武装闘争は憂慮されるべきものであった。というのも，同胞であるアラブ諸国は表向きパレスチナの解放を支持していたが，パレスチナのゲリラ組織はイスラエルと境界を接するアラブ諸国領内から攻撃を行うため，都度，その規模を上回るイスラエルの報復が攻撃の拠点となった国にももたらされたからである。

こうした活動を封じ込めるために，64年のアラブ首脳会議においてエジプトのナセル大統領の主導で設立されたのがパレスチナ解放機構（PLO）であった。彼はエジプト領内から繰り返されるパレスチナ人の武力闘争がイスラエルとの戦争に発展することをおそれていたため，穏健派であるパレスチナの知識人を幹部に据えたこの組織を唯一のパレスチナ人の代表機関とすることで，彼らの活動をアラブ諸国の管理下にお

こうとしたのである。しかし69年，PLOの主導権は，ナセルが押さえ込もうとしていたゲリラ組織によって逆に握られることとなった。ヤセル・アラファト率いるファタハである。

　パレスチナ民族解放運動，すなわちファタハとは，50年代の末にクウェートで結成された武装組織であった。60年代半ば頃から各地でゲリラ活動を繰り返していたが，彼らが大きく注目されたのは，68年3月にイスラエル軍がヨルダン川東岸のカラメにあったパレスチナ人難民キャンプを襲撃し，それをわずかな手勢で撃退したことによる。ヨルダン軍による支援があったとはいえ，第3次中東戦争でアラブ軍がガザ地区やヨルダン川西岸地区のみならず，シリアのゴラン高原やエジプトのシナイ半島までイスラエルに奪われてしまうほどの大敗を帰した直後であっただけに，アラファトの名声は直ちにパレスチナ人の間に広まり，多くの賛同者を集めることとなった。それまで数百人のメンバーで構成されていたファタハは，これを機に兵力1万人，さらにその何倍もの民兵を率いる一大勢力へと変貌したといわれている[22]。

　当初ファタハはPLOをエジプトの傀儡組織として捉え，距離をおいていたが，カラメでの戦闘後に得た支持を背景に，PLOを真にパレスチナ人を代表する組織へと転換させることを試みた。こうして69年2月，初めてPLOの議会にあたるパレスチナ民族会議（PNC）に出席したファタハは，その指導者アラファトを執行委員会議長に，数名のメンバーを幹部に据え，また数十のゲリラ組織を統括することにも成功した。ただし，武装集団によって再構成されたPLOは，アラブ諸国からも疎まれる存在になってしまった。

　58年の第2次中東戦争後に国連がイスラエルとエジプトの間に緩衝帯をもうけて国連軍を展開したことで，パレスチナのゲリラ組織は事実上エジプト側からの攻撃を仕掛けることが不可能になった。それゆえPLOは活動拠点の中心をヨルダンに構えたのであるが，しかしイスラエルの

Ⅳ　パレスチナは独立宣言できるのか

　報復攻撃をともなう彼らの行動は，ヨルダン政府によって徐々に抑圧され，他方でこれに反発するPLOはイスラエルへの武力行使を強化するのみならず，ヨルダン国王の打倒さえ唱えるようになっていた。事態を重くみたヨルダン政府は，国内から彼らを一掃することを決意し，70年9月にヨルダン軍によってアンマンおよび北部の都市におけるパレスチナのゲリラ基地に一斉攻撃がかけられることとなった。72年7月，遂に彼らはヨルダンから排除され，新たな拠点をレバノンに求めたが，そこも安住の地となることはなかった。彼らの活動がレバノンに対してもイスラエルの報復攻撃を招くこととなり，レバノン政府や同地のキリスト教徒との関係を急速に悪化させていったからである。

　キリスト教やイスラム教のさまざまな宗派が混在するレバノンは，その力関係を微妙なバランスの下で成立させ，かつては"中東の窓"と呼ばれるほどこの地域における金融や文化，情報の中心地として栄えてきた。しかしここにPLOが加わり，イスラエルからの攻撃に脅かされるようになると，彼らへの対応をめぐってレバノン内部に対立が生じ，75年以降ほぼ15年にわたる内戦状態へと突入することとなった。この混乱に乗じてPLOはレバノン南部に"ファタハ・ランド"と呼ばれる巨大な拠点を築き，イスラエルへの攻撃を繰り返していたのであるが，結局82年6月，イスラエル軍によってベイルート以南，レバノン山脈以西のほぼ全域が制圧され，PLOは再び拠点を失った[23]。彼らが次に目指したのはチュニジアであったが，そこから遠く離れたイスラエルへの武装闘争を続けることは，もはや不可能に近い状態であった。

（3）インティファーダがもたらしたもの

　PLOによる祖国解放のための闘争が事実上封じられてしまったなかで，パレスチナでは新たな戦いが生じようとしていた。イスラエルやその占領下で抑圧された生活を余儀なくされていたパレスチナ人たちは，以前

から彼らの不満を数々のデモやストライキで表していたが，それが大暴動へと発展したのである。87年12月，暴走したイスラエルのトラックがガザ地区のアラブ人の列に突っ込み，4人が死亡し7人が重傷を負うという事件をきっかけとして発生した難民キャンプでの抗議デモが発端であった。このデモがやがてインティファーダと呼ばれる暴動となって西岸地区や東エルサレムにも広がっていくこととなったのである。

アラビア語で"蜂起"を意味するインティファーダは，組織された武装集団によって開始されたわけではない。別名"石の闘争"と呼ばれているように，そもそもは10代のアラブ人少年たちが中心となり，イスラエル兵に投石することで抗議を表明するというものであった。にもかかわらず，大衆暴動の鎮圧になれていなかったイスラエル軍は，こうした非武装の少年たちに最新鋭の兵器で応戦して多く犠牲者を生み出し，国際社会からの強い非難を浴びることとなった[24]。

PLOはこの期をうまく捉えた。インティファーダはパレスチナ住民による自然発生的な抗議行動であったが，PLOはその暴動の組織化を図り，アラファトこそがインティファーダの指導者であることを印象づけた。さらにはパレスチナに対する国際世論の同情を追い風にして，一気に勝負を賭けた。アラファトは88年11月のPNCにおいて一方的にパレスチナ国家の独立を宣言する一方，これまで否定し続けてきたイスラエルの存在を初めて認めたのである。同年12月には国連総会の場でイスラエル・パレスチナをめぐる問題については平和的な解決を目指すことも約束した。

その結果，PLOは自らをパレスチナ人の代表機関として米国に正式に認めさせることに成功したが，彼らが本格的にイスラエルとの和平に乗り出したのは，イラク軍によるクウェートの侵攻で幕を開けた湾岸戦争が終結した後のことである。この戦争のなかでパレスチナはイラク支持を表明したが，それはこれまで彼らの独立を応援し，経済的な支援を行

Ⅳ　パレスチナは独立宣言できるのか

っていたアラブ産油国を敵に回すということを意味していた。その結果，多くのパレスチナ人が主要な出稼ぎ先であったクウェートをはじめとする産油国から追放され，さらには資金援助さえ打ち切られてしまったのである。湾岸戦争が米国を中心とした多国籍軍の参戦によってイラクの敗戦という形で終結すると，中東のなかで孤立するパレスチナ人が生き残っていくためには，もはやイスラエルとの和平を足がかりとすることしか残されていなかった。

　イスラエル側でも和平実現に向けた条件が整いつつあった。国内世論が"武力ではパレスチナ人による石の闘争を抑えることができない"と考える方向に向かう中，92年6月の総選挙でパレスチナとの和平合意を公約に掲げた左派労働党が勝利を収め，その党首イツハク・ラビンが首相に就任した後，この動きは一挙に加速した。ノルウェーのホルスト外相らの仲介による数次にわたる秘密交渉を経て，93年9月，遂にイスラエルとパレスチナは暫定自治原則宣言，いわゆるオスロ合意に調印し，長年にわたるパレスチナ問題に解決の糸口が示されることとなったのである。最終的にパレスチナ国家の建設を目指すこの合意の下で，まずはガザおよびエリコからイスラエル軍が撤退し，パレスチナ人による暫定自治が開始された。翌年にはアラファトもガザに戻り，暫定自治政府樹立に向けた議会選挙が実施されるなど，共存に向けた枠組みの形成は順調に進むと考えられていた。

　しかし，和平実現に向けた動きは90年代半ば頃から徐々に速度を落とし，一連の交渉は2000年にいったん中断されることとなった。交渉が重ねられるなかで最後に残った難問，すなわち東エルサレムの帰属やパレスチナ難民の帰還に関する問題に妥協点を見いだせなかったことがその原因といわれているが，おそらくその背景には，和平への機運の高まりとともに双方の住民間に芽生えていた歩み寄りの気持ちが，再び疑心へと置き換わろうとしていたことがあるのではないだろうか。

3 パレスチナは何処へ行く

(1) 内部分裂

　オスロ合意が別名"土地と和平の交換"と呼ばれているのは、パレスチナ側がイスラエルを承認しその安全を保障する、すなわちテロ行為を放棄する代わりに、イスラエル側は占領地から撤退し、パレスチナ国家の建設を認めるという、両者の妥協に基づいて実現されるものだからである。しかし双方が精一杯の妥協を重ねたと考えていたにもかかわらず、期待していた"平和の配当"はなかなか手に入らなかった。こうした失望感はイスラエルでは右派政権の台頭、パレスチナではそれまでの主流派ファタハではなくハマスへの支持という形で現れた。そしてそのことが、和平の実現をさらに遠のかせる原因となったのである。

　ハマスとは、イスラム教に基づいた国家建設を目指すパレスチナ最大のイスラム原理主義組織である。インティファーダが勃発した直後の87年に結成された。日本では過激派集団のイメージが強いが、パレスチナで彼らが支持を集めたのは教育や医療等を提供する福祉団体としての活動が評価されたためであり、当初はデモの呼びかけさえも控えるほど穏健な組織であった[25]。

　しかし、インティファーダのなかで展開されたイスラエル領内への出稼ぎ拒否やストライキといった形での穏便な抵抗活動は、確かにイスラエルに打撃を与えることにはなったが、同時に占領地におけるパレスチナ人の経済状況も悪化させてしまった。支持を失うことをおそれたハマスは、もはや敵に立ち向かうには武力しかないと考えるようになり、武装闘争の路線を強めていったとされている[26]。

　2000年9月に第2次インティファーダが勃発すると、ハマスはこれま

で以上に自爆テロを積極化し，それに対するイスラエルの報復攻撃を招くこととなった。イスラエルの矛先はハマス同様，自治政府の指導者アラファトにも向けられたため，それまではイスラエルとの協定に基づきハマスなどの原理主義者によるテロ行為を抑える側であったアラファトも彼らと手を結ぶことを決意した。ただし，その選択はファタハを厳しい立場におくことになったといえる。インティファーダの主導権が自爆テロを繰り返すハマスへと移り，ファタハにはもはや彼らの行動をコントロールすることができなくなってしまったからである。加えて和平交渉が停滞し，イスラエルによって繰り返される報復攻撃を受け，占領下の経済状況もいっそう悪化するなかで，パレスチナ住民の支持もファタハが主導する頼りない自治政府よりも，草の根的な福祉事業を展開するハマスへと移り始めていた。そのハマスを無理に抑えつけようとするならば，ファタハへの支持はさらに失われてしまうことになるであろう。

　04年11月にパレスチナ解放のカリスマ的な存在であったアラファトが死去すると，それを主導権を握るチャンスとして捉えたのだろうか。ハマスはそれまで拒否していた自治政府への参加を決め，06年1月のパレスチナ評議会選挙では第1党の座を勝ち取ることに成功した。しかしイスラエルの存在を認めず，武装闘争の継続を主張するハマスが政権を取ったことに対して，欧米を中心とした国際社会はパレスチナへの支援を停止するという措置を執った。経済的な困窮状態の解消を目指して07年3月にはファタハ，ハマスからなる統一政府が樹立されたが，わずか3ヵ月で崩壊。それどころかイスラエルが撤退したガザ地区を舞台に双方が激しく衝突し，同地区はハマスによって制圧されることとなった。以後パレスチナは，ハマスが支配するガザ地区とファタハ主導の自治政府が統轄するヨルダン川西岸地区とに分断されたままの状態が続いている。ただ興味深いことは，現在中東で吹き荒れる民主化要求デモがその状況を変えようとしていることであろう。

(2) 2国共存の可能性

　別名"ツイッター革命"または"フェイスブック革命"とも呼ばれている中東の民主化運動は，それぞれの体制に不満を抱いている若者たちが現代のツールを使って仲間を募り，新しい時代を切り開こうとする試みであった。こうした行動に触発されたパレスチナの若者も，同様の手段で数万人を動員する大規模集会を実現させた。ただし他国での動きが反政府デモとして展開されていたのに対して，パレスチナの場合は既述のとおり，自治政府そのものを攻撃するというよりも，現在分裂したままのパレスチナ統治を正常な形に戻す，すなわちファタハとハマスとの結束を呼びかけるものであった。

　次世代を担う若者がより冷静で，より現実的な路線を求めるなかで，当事者たちも動き始めた。11年4月下旬，ファタハとハマスはエジプトを介した数週間にわたる秘密交渉を経て，再び統一政府を樹立することに合意したのである。延期されていた大統領選挙および評議会選挙も1年以内に実施すると発表した。アッバス大統領は現在，9月に開催される国連総会において，第3次中東戦争以前の境界線に基づいたパレスチナ国家の樹立宣言が承認されることを目指しているが，そのためにも双方の和解は絶対に必要な条件であった[27]。

　今回の合意形成は，間違いなくパレスチナ住民の声が大きく影響したものであろう。しかしそれに加えて，中東での民主化運動がパレスチナをめぐる環境に変化を与えていたことにも注意しなければならない。まずはエジプトの動きである。ムバラク政権崩壊後，エジプトの新体制はこれまでのイスラエルとの関係を見直し，これまで以上にパレスチナ寄りの路線を取ろうとしている。パレスチナ国家の樹立を支持するエジプトの新政権は，その前提条件となるファタハとハマスとの仲を取り持つため，ムバラク時代に悪化していたハマスとの関係改善にも努力し始め

た。たとえばエジプトで収監されていた多数のパレスチナ人活動家を釈放し，ハマスの要求に沿ってガザ地区とエジプトの境界にあるラファ検問所の無期限開放も約束している。ラファ検問所とはガザからイスラエルを経由することなく唯一国外へ出られるルートであるが，ハマスによって同地が占拠された後，イスラエルの要請を受けたムバラク政権によってほぼ閉鎖されたままの状態におかれていた。こうしたこれまでとは違う対応に，ハマスもエジプトによる和解の呼びかけに応えたものと思われる。

　もう1つはシリア情勢である。シリアはイランなどと同様，これまでハマスに支援を続けてきた数少ない国の1つであり，現在その事実上の指導者であるハリド・マシャルが拠点としている場所でもある。しかしこのシリアでも3月半ば頃から反政府デモが激化し，4月下旬には与党であるバース党の党員200人が離党を表明したり，またデモを取り締まる側の治安部隊が大衆側に付くといった状況がみられており[28]，すでにアサド政権の崩壊が始まっているのではないかと噂されている。このままシリアの混乱が続くようなことになれば，ハマスは大きな後ろ盾を失うこととなり，完全に孤立してしまう可能性もあるだろう。それゆえ，こうした時期に進み始めた統一政府樹立への動きは，事態打開を模索するハマスにとって願ってもないチャンスだったに違いない。

　とはいえ統一政府が実現したとしても，それが直ちに和平に結びつくものになるとはいえない。欧米諸国によって"テロ組織"のレッテルを貼られたハマスが自治政府に参加すれば，再び彼らからのパレスチナに対する支援が打ち切られるおそれがある。事実，年間約4億ドル，94年以降の総額で約35億ドルもの経済支援を続けてきた米国は，すでにその可能性を示唆している[29]。その結果，ファタハとハマス間の対立が再燃するようなことになれば，統一政府は前回と同様に短期間で崩壊し，これまでの堂々巡りが繰り返されることになるだろう。ハマスがイスラ

エルに対する武装闘争を放棄し,同国を承認しないことには,平和的な2国共存は実現しないのである。

　他方で,国際社会の側も本気でパレスチナ問題を解決しようとするならば,統一政府の樹立を機に,もう一度中東和平交渉のあり方を考えるべきである。これまでの交渉はイスラエル政府とファタハが主導するパレスチナ自治政府との間で行われてきた。しかし度々交渉を中断させる原因を作ったのは,その枠組みの外におかれたハマスによるところが大きい。そうであるならば,今後はハマスを引き込んだ形での対話が必要となってくるだろう。小さなガザ地区に閉じ込められているとはいえ,ハマスはパレスチナを2分する勢力の1つである。彼らを無視したまま交渉を継続することはもはや不可能である。もし,国際社会がこの問題にかかわり続ける意志があるのならば,アッバス大統領1人にその責任を負わせるのではなく,新たな交渉の枠組みを提示しなければならない。

注

（1）　*Haaretz*, February 17, 2011.
（2）　*Jerusalem Post*, March 15, 2011.
（3）　*Jerusalem Post*, March 23, 2011.
（4）　佐藤千景『ユダヤ世界を読む』創成社,2006年,2-28頁。
（5）　Hadawi, S., *Bitter Harvest, Palestine Between 1914-1979*, Caravan Books, 1979, pp.26-27.
（6）　笹川正博『パレスチナ』朝日新聞社,1974年,52-53頁。
（7）　佐藤,前掲書,68-69頁。
（8）　Himadeh, S. B. ed., *Economic Organization of Palestine*, The American Press, p.38. この数値は宗派別で集計されているため,ユダヤ教徒以外をアラブ人として,その平均値を取った。
（9）　*Ibid.*, p.284.
（10）　Metzer, J., *The Divided Economy of Mandatory Palestine*, Cambridge University Press, 1998, p.195.
（11）　1920年から45年までにユダヤ人機関が購入した土地が約152万ドナムである一方,45年当時のパレスチナの全耕地面積が約1,300万ドナムとされていることから計算

した（Kamen, C. S., *Little Common Ground*, University of Pittsburgh Press, 1991, p.152, 176)。
(12) *Ibid.*, pp.155-156.
(13) ダヴィッド・マクドワル，奥田暁子訳『パレスチナとイスラエル』三一書房，1992年，275頁。
(14) 浦野起央『資料体系アジア・アフリカ国際関係誠治社会史』第3巻，中東Ⅰ，パピルス出版，1979年，33頁。
(15) 笹川，前掲書，167－168頁。
(16) 同上，172-173頁。
(17) 同上，176-177頁。
(18) 浦野，前掲書，71頁。
(19) 笹川，前掲書，190-192頁。
(20) 同上，195-196頁。
(21) 同上，203-204頁。
(22) 同上，222頁。
(23) 山根学・森賀千景『世界経済システムと西アジア』知碩書院，1998年，156-157頁。
(24) 佐藤，前掲書，153-155頁。
(25) 横田勇人『パレスチナ紛争史』集英社，2004年，66-67頁。
(26) 同上，68頁。
(27) *Jerusalem Post*, April 27, 2011.
(28) *Jerusalem Post*, April 27, 2011 and April 29, 2011.
(29) *Jerusalem Post*, April 29, 2011.

V

アフガニスタンを舞台とする テロとの戦いは何時終結するのか

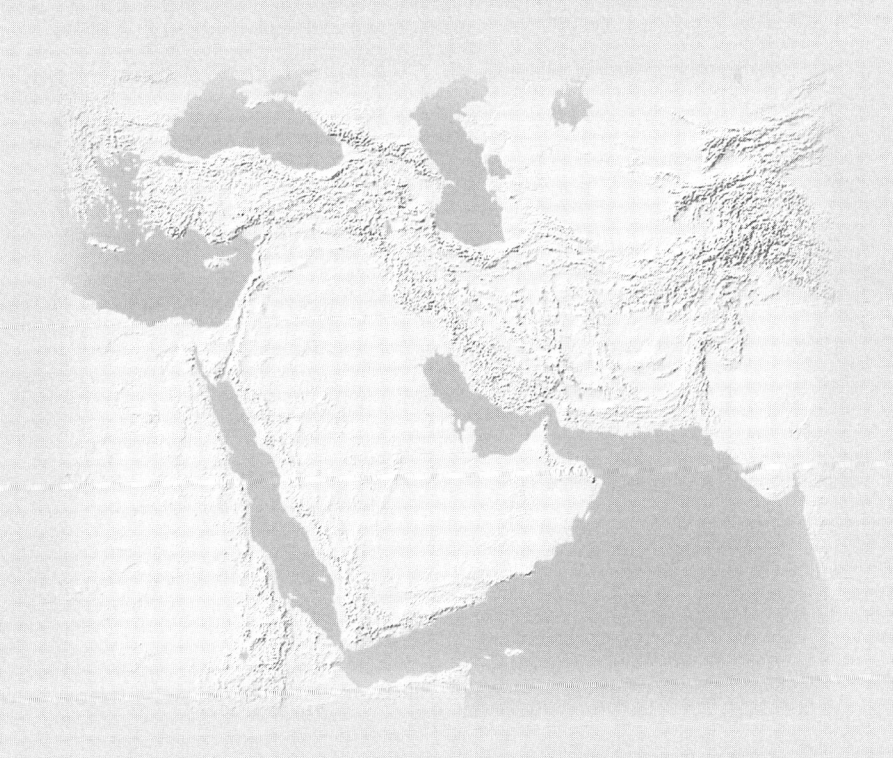

1 なぜ,米軍がアフガニスタンに駐留するのか

　中央アジアのアフガニスタンは「大国の墓場」と言われる。国土面積は約65万平方キロメートル（日本の2倍弱）であるが，国土の北東から南西にヒンズークシ山脈が連なり，国土の約4分の3は山岳地帯。そのため，機動力を発揮できる大規模機動部隊の戦闘は困難だ。

　アジアからユーラシアにかけて大帝国を築き上げたモンゴル軍も，西方から東方にかけて得意の騎馬集団では突破できなかった。イランと国境を接する都市ヘラートを中心に，モンゴル系のハザラ人（総人口の約10％）が住んでいる。北東の中心都市マザリシャリフを中心にタジク人（総人口の約25％）が住む。国土の東に首都カブールが位置し，隣国のパキスタン国境にカンダハルが位置し，この南東地帯に多数派のパシュトゥン族（総人口の約44％，イスラム教スンニ派）が住む。これらのほか，中央アジアのウズベク人，トルクメン人など，民族構成は複雑である。

　19世紀，英国はロマノフ王朝ロシアの南下策を抑止する緩衝地帯としてのアフガニスタンに注目し，2回の戦争（第1次1838-42年，第2次1878-80年）を経てようやく同国を保護領とした。第2次世界大戦終了後，1978年12月，旧ソ連が同国に軍事介入し全土を制圧した。10年に亘るゲリラ闘争の末，88年4月，アフガニスタン，パキスタン，旧ソ連，米国の外相がスイスのジュネーブで会合を開き，駐留旧ソ連軍の撤退手順を定めた協定文書に調印した。同年5月，旧ソ連軍が撤退を始め，89年12月に約10万人が撤退を終えた。その後，92年4月，旧ソ連が樹立したナジブラ政権は崩壊し，反政府ゲリラ8派が暫定評議会を設置した。間もなく，暫定評議会に参加したゲリラ各派の権力闘争が始まり，内戦は全土に拡大した。94年になると，パシュトゥン族を中心とするイスラ

V　アフガニスタンを舞台とするテロとの戦いは何時終結するのか

ム神学生の武装集団タリバンは南部カンダハルを制圧し，98年9月にはアフガニスタン全土を支配下においた。

米国は98年8月，国際テロ組織アルカイダの指導者ウサマ・ビンラディンの活動拠点がアフガニスタン国内にあると睨み，パキスタン国境付近をミサイルで攻撃した。2001年9月9日，ビンラディンが送り込んだと言われる2人組が反タリバン勢力「北部同盟」の指導者マスード元国防相を自爆テロによって殺害した。同年9月11日，米国ニューヨーク・ワシントンの同時テロを受けて，ブッシュ政権（当時）はビンラディンの身柄引き渡しをタリバン政権に要求したが，同政権は拒否した。ブッシュ大統領は9月11日の米国中枢同時テロの報復に駆られて，敢えてイラクとアフガニスタンの2正面作戦に挑戦し，北大西洋条約機構（NATO）の同盟規約を発動した[1]。これはレーガン元大統領の遺訓を敢えて無視した冒険であった。

そのため，米国経済は疲弊し，NATO同盟国はアフガニスタンの治安維持を巡って危険箇所の分担を避けようとして内部亀裂を深め，同盟の弱体化を世界に曝け出す結果を招いた。

ブッシュ政権（共和党）を受け継いだオバマ大統領（民主党）はペトレリアス将軍のイラク戦争安定化によって早急にイラクから米軍を引き揚げ，アフガニスタンの治安維持に集中することになった。タリバンは08年からパキスタン国境沿いにテロ攻撃を活発化させ，駐留NATO軍の死者も大幅に増えた。米国防総省は9月15日，最大5,700人の米軍部隊のアフガニスタン増派を発表した。同年9月22日，国連安全保障理事会はNATO主導の国際治安支援部隊（ISAF）の任務を09年10月まで1年間延長する決議を採択した。オバマ大統領はアフガニスタン周辺地域でのテロとの戦いを新政権の最優先課題に設定し，ゲーツ米国防長官は09年1月27日，同年夏までに陸軍3個旅団（計1万1,000人）を追加派遣する方針を表明した。

困ったことに，アフガニスタンは世界最大のアヘン生産国であり，国連薬物犯罪事務所（UNODC）によれば，08年にタリバンなど反政府勢力はアヘン取引に絡んで密輸業者から約5億ドルの収益を得ている。07年の5倍に相当する[2]。

　同国は山岳地帯が多く，反政府勢力タリバンの掃討作戦は米軍得意の機動力を発揮できずなかなか効果が上がらない。それに，カルザイ大統領を中心とするパシュトゥン族出身の政治家・官僚は無能であって，住民の支持を得られない。加えて，麻薬栽培の転換も予定通りに進まない。

　2011年に予定された米軍をはじめNATO軍のアフガニスタン撤退は，事実上2014年に延期された。それに代わって，アフガニスタン国軍に治安責任を移管し，安全な撤退と主権移譲の移行期が2014年に開始されるとした。ワシントンがカンダハルへの米軍増派の効果があったか見極めがつけられない一方で，タリバン勢力は同国南部から全土に浸透する方向で伸張し，NATO加盟国のアフガニスタン派遣軍の動揺を誘った。アフガニスタンのカルザイ大統領への不信感が強く，NATO加盟国の国内世論は自国兵が死傷するのにきわめて神経質となっている。

　NATO加盟諸国がアフガニスタン派兵を開始してから，もう9年になる。オーストラリアも2010年から撤退し，英国も2011年には撤退する予定。カルザイ大統領は取り残され，ワシントンとの間で明確に定義した「テロとの戦い」の方針を支持しなくなった。彼は同国南部へのNATO軍増派は余り役に立っていないとさえ言い出し，彼はNATOに代えて近隣諸国，とくにイランとパキスタンとに頼ってタリバンとの戦闘を終結させると言明した。イランは最近，同国西部のタリバン勢力への支援を強化している。それは将来の和平交渉の際の切り札を取っておくためだ。パキスタンはタリバン勢力の指導部を温存しておいて，NATOやカルザイ大統領がタリバンと交渉する際に中心勢力になりたい。

　もしもカルザイ大統領が彼を反ソ・ゲリラ戦当時から引き立ててくれ

Ⅴ　アフガニスタンを舞台とするテロとの戦いは何時終結するのか

た米国に忠節を励みカブールに留まるならば，米軍はカブール周辺を一大要塞地化して，タリバンの攻勢を粉砕できるに違いない。たとえカブール外部の補給路を切断されても，空輸に頼り，ミサイルや夜間無人爆撃機を使用してタリバンに反撃できる。そして，選挙で選出されたパシュトゥン族出身のカルザイ大統領の正統性を擁護し，米国の対アフガニスタン政策の一貫性を全世界に誇示できるはずだ。

　イランのアハマディネジャド大統領は国内の民主化の嵐に抗しきれず，やがて失脚する。パキスタンもインドとアフガニスタンの2面闘争に疲弊して，対アフガニスタンの補給基地化を放棄せざるを得なくなる。両国の現体制は今後5年も続かないだろう。

2　カルザイ大統領の裏の顔

　ところが，カルザイ大統領は米軍の特別機による夜間爆撃が住民を殺傷するので，これを中止するよう米軍に要求してきた。過去3カ月の間に368人のタリバン中級幹部が殺害され捕虜となった。そして，968人のタリバン歩兵が殺害されたという[3]。殺傷されたアフガニスタン住民数は明らかではないが，軍事的な効果が大きいのでペトレリアス司令官は夜間爆撃を中止しないのであろう。

　カルザイ大統領はイランから資金を受け取っている。イランのアハマディネジャド大統領は隣国のイラク国内で反政府ゲリラを支援する戦略と呼応して，米軍の駆逐を進めるためにアフガニスタン反政府ゲリラを援助しているとの非難を否定してきた。実際にはイランは西アフガニスタンでの反政府ゲリラを訓練し，武器を補給している。明らかにイランはカルザイ政権・NATOにとって敵である。カルザイ大統領はその敵イランを友好国と呼び，米国と同列において，イランから60万ユーロか

ら70万ユーロを年1回ないし2回受け取ってきた。『ニューヨーク・タイムズ』紙によれば，イランは数百万ドルの資金をカルザイ大統領の秘密口座に振り込み，アフガニスタンの立法議員や部族長老，タリバン司令官に支払ってきた。カルザイ大統領は「イラン資金が透明であり，米国も同様のことをしてきた，われわれはイランに現金を要求し続ける」と臆面もなく語った(4)。

パキスタン政府の秘密情報機関ISI（Inter-Service Intelligence）は，カルザイ大統領と秘密会談を行ったタリバン幹部を2010年2月に投獄したが，米国政府の要請を受けて彼らを釈放することを拒否した。米国がISIを統制できない以上，カルザイ大統領はタリバンが望むなら，パキスタンとの関係を深める以外に選択肢はないと述べた(5)。

米国政府アフガニスタン担当特使リチャード・ホルブルーク氏は2010年12月に急死した。彼は最も大胆でダイナミックな外交官だったが，カルザイ大統領の本質を看破し，タリバンとの和平交渉を準備していた。NATOの軍事圧力を強めて，タリバンが弱体化した立場を利用して交渉を始める。少数部族のタジク・ウズベク，そしてシーア派ハザラも含めて憲法の枠組みを設定し，アルカイダのような国際テロ組織との連関を断ち切るというシナリオだった(6)。

故ホルブルーク氏の描いた停戦シナリオはもっと内容は複雑だったが，NATOはアフガニスタン治安部隊への権限移譲を2014年末までに延期する決定を下している。

だが，2011年のNATO軍の実質的撤退を3年間延期しても，カルザイ大統領が健在で権力を保持しているかぎり，事態は時間の経過とともに悪化していく(7)。

ホルブルーク構想を部分的に活用して，パシュトゥン族が事実上独占する現在のアフガニスタン政府を部族連合政権に改造できないものか。そのうえで首都カブールおよび周辺地域を要塞化し，同国西部・南部に

Ⅴ　アフガニスタンを舞台とするテロとの戦いは何時終結するのか

攻勢を掛けるタリバンをミサイル・夜間爆撃によって撃退する。NATO軍が撤退しても，少数の米軍部隊のみで新鋭兵器を駆使すれば防衛は可能だ。

　もう3年ないし4年が経過すれば，天然ガス輸出国となったイスラエルが周辺のレバノン，シリア，ヨルダンへのイランの影響力を奪回し，独力でイランに対峙できる。そうなれば，イランがイラク，アフガニスタンに支配の手を伸ばす余力は消滅し，アハマディネジャド大統領の失脚さえ視界に入る。

　パキスタンはカシミールを巡る対インド紛争，そしてアフガニスタン・タリバンへの支援という2正面作戦にいずれ疲弊して，米・欧州連合（EU）に援助を要請せざるを得なくなる。そうなれば，同国はアフガニスタン・タリバンへの支援を打ち切らざるを得ない。

　たとえ時間を延長して米軍の実質的撤退時期を2014年に設定しても，米国はベトナム戦争の二の舞を演じ，タリバンが勝利に小躍りするだけだ。カルザイ政権を改造して部族連合政権を設立し，パシュトゥン族の権力独占と腐敗とを防止しなければ，米国の軍事的勝利は見込めない。

　途上国は今日でも部族連合国家であり，国民形成は未だ完成していない。この途上国の現実を無視して，選挙によって国家元首を選出しようとすれば，必ず多数派部族から大統領が擁立される。多数派部族出身の大統領は失敗の咎めを少数派部族に転嫁して独裁権を行使する。20世紀アフリカ諸国がそうであった。スーダンのバシル大統領はキリスト教徒の南部黒人を差別弾圧した。イラクの多数派シーア派はイランの支援を得て，選挙を通じて権力を掌握するや，少数派のスンニ派を弾圧した。

　途上国の民主化はまず，部族自治政府の形成から始まって，そこから選出された代表が評議会を設置し公平な政治を行う。大統領は部族自治代表の輪番制が望ましい。全国一律の選挙は国民形成が実現してから実施すべきだ。米国の早急な民主化の手続きが，21世紀になっても世界の

混乱を引きずってきている。

3 米軍が勝つか，タリバンが勝つか

　オバマ大統領は2011年の年次教書のなかでアフガニスタン派遣米軍が11年7月より撤退を開始すると明示した。だが，すでに触れたように，米実戦部隊は現地でアフガニスタン国軍・治安部隊の育成・指導を続け，3年後の2014年をもって完全撤退する。

　しかし，カルザイ大統領が権力を保持するなかで，同国の独立・治安維持はいったいどうなるのか。

　01年から03年にかけて駐印大使を務め，03年から04年まで米国務省の戦略計画担当国家安全副顧問の地位にあったロバート・D・ブラックウェル氏は，アフガニスタンの分割による解決策を提示した[8]。

　その基底にあるのは，アフガニスタン・タリバンに聖域を提供して，その補給を続けたパキスタンへの抜き難い不信感である。そして，腐敗しきったカルザイ政権下のアフガニスタン国軍では治安を維持できないという絶望感である。

　だが，アフガニスタンの分割による平和はまったく一時的だ。イランは国境を接するアフガニスタン西部を事実上併合する。アフガニスタンで残るのはタジク族が住む北部だけとなろう。何よりもこの分割案は，米国が10年かけて戦ってきた米軍将兵の代え難い生命と貴重な国民の税金を有効に活用しきれておらず，これまで対アフガニスタン政策への重大な裏切りを意味する。

　これに対して，米国家防衛大学の国際安全保障研究担当准教授であり，07年から09年にかけてジョージ・W・ブッシュ前大統領とオバマ大統領の下で米国家安全保障協会のアフガニスタン部局長を務めたポール・D・

Ⅴ　アフガニスタンを舞台とするテロとの戦いは何時終結するのか

　ミラー氏はアフガニスタン政策の完遂を訴える[9]。
　その決め手はアフガニスタン政府・裁判所に多数の民間人を送り込んで強化を図ることであり，2011年7月の米軍撤退時期をより柔軟に取り扱うべきだという。対アフガニスタン政策は指摘されているほど失敗続きではなく，着実に成果を積み重ねてきたという認識が基底にある。こちらもまた必ずしも正しいとはいえない。
　両者の欠陥はアフガニスタンを巡る国際世論の変化を見定めていないことだ。すでに触れたように，パキスタンはカシミール紛争を巡るインドとの対立とアフガニスタン・タリバン支援との2正面作戦に疲弊して，おそらくアフガニスタン・タリバン支援を放棄する代償として，米国やEUに援助を求めるようになる。イランはシリア，レバノンへの影響力をイスラエルに奪われ，自国内民主化運動に足元をさらわれていく。何よりもイスラエルが地中海北部沖の海底天然ガス田開発に成功して一大輸出国となれば，それに対抗していかねばならない。イランはアフガニスタンに介入する余力を失ってしまう。
　すでに指摘したように，アフガニスタンの首都カブールを中心に同国北部を含めた一大要塞地を築き，タリバンの攻撃に対してミサイル・夜間爆撃で反撃すれば，残留米軍は2,000人から3,000人の規模で充分だ。北部のタジク族との連携を固めておけば，補給も安全だ。万一，北部の補給路が使えなくなれば，空路輸送に切り換えればよい。
　カルザイ政権をタジク族・ハラザ族を参加させた部族連合政権に改造すれば，パシュトゥン族独占による腐敗を防止できる。
　時の動きは米国のアフガニスタン政策遂行に有利に作用する。

注
（1）　『世界年鑑2009』共同通信社，232頁による。
（2）　同上，222頁。
（3）　同上。

(4) Ahmed Rashid, Why a forlorn Karzai is breaking with the West, *Financial Times*, November 19, 2010.
(5) Mathew Green, Karzai says Iran gave 'bags' of cash as aid, *Financial Times*, October 20, 2010.
(6) Ahmed Rashid, *Ibid, Financial Times*, November 19, 2010.
(7) Buying more time in Afghanistan, *Financial Times*, December 15, 2010, Editorial.
(8) Robert D. Blackwell, Plan B in Afghanistan Why a de facto partition is the least bad option, *Foreign Affairs*, January-February 2011, pp.42-50.
(9) Paul D. Miller, Finish the job- How the war in Afghanistan can be won, *Foreign Affairs*, January-February 2011, pp.51-65.

VI

ペルシャ湾岸諸国の原油・天然ガス輸出とホルムズ海峡

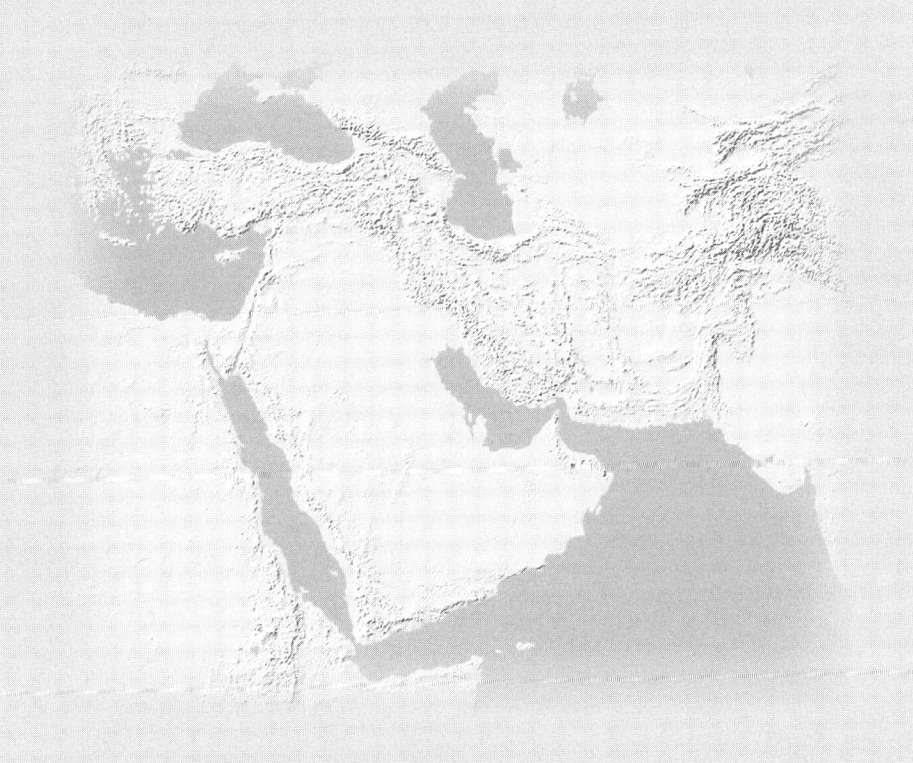

1 はじめに

　中東地域のなかでイラン，イラク，クウェート，サウジアラビア，バーレーン，カタール，アラブ首長国連邦（UAE），オマーンの8カ国は，「湾岸諸国」あるいは「湾岸産油国」と呼ばれている。これら諸国に共通しているのは，石油や天然ガスなどのエネルギー資源の埋蔵量が豊富であるという点である[1]。これら8カ国の湾岸諸国のうち，オマーン以外の7カ国はペルシャ湾と国土が面しており，オマーンはオマーン湾，アラビア海などに面している。また，バーレーンは国土全体がペルシャ湾に囲まれている島国である。

　オマーン以外のこれら7カ国とオマーン湾の間にあるのがホルムズ海峡である。この海峡は，ペルシャ湾にある7カ国で生産された石油，天然ガスがタンカーや液化天然ガス（LNG）船に搭載され，欧米，アジアなど世界各国に向かう際の通過ポイントである。この海峡を通過せずにパイプラインで地中海，紅海などに輸送され，そこから外国に輸出される場合や，直接外国にパイプライン経由で輸出される場合もあるが，湾岸諸国で産出された石油，天然ガスの多くはこのホルムズ海峡を通過している。

　そのため，この海峡は世界各国への石油，天然ガスの輸送にとって地政学的に重要なポイントとなっている。この海峡をめぐっては，イランが外国から攻撃を受けるなど有事の際には封鎖することを主張している。もし仮にこのような事態になった場合に，これらエネルギー資源に依存している国々はエネルギー危機に直面することも十分に考えられる。ホルムズ海峡が封鎖されれば，原油価格が1バレル200ドルを超えてしまう可能性もある。

　本章の目的は，第1に，湾岸諸国[2]で産出される原油，天然ガスの輸

出がどのようなルートで行われ，そのうちホルムズ海峡をどの程度の量が通過しているのかを明らかにすることである。第2に，輸出ルートの多様化に関する湾岸諸国の動向について，とくにホルムズ海峡を迂回するルートを中心に説明することである。

以下，第2節ではまず，湾岸諸国の原油，天然ガスの生産，輸出事情についてデータを用いて説明した後，第3節ではこれらエネルギー資源の輸出ルートやホルムズ海峡を迂回する代替ルートについて言及する。最後に終節にて，これまでの議論をまとめる。

2 湾岸諸国の原油・天然ガス輸出

この節では，まず基本的なデータとして，原油および天然ガスの供給面を中心に，いくつかのデータを元に説明しておこう。

(1) 原油・天然ガスの確認埋蔵量

湾岸諸国7カ国の原油・天然ガスの確認埋蔵量と世界における比率を示した図表Ⅵ-1によれば，09年末時点の原油の確認埋蔵量は，サウジアラビアが2,646億バレルとなっており，イラン，イラク，クウェート，UAEがそれに続いている。湾岸諸国においてこれら5カ国に次いで位置づけられるのはカタールであるが，バーレーンは非常に小規模である。また，湾岸諸国の世界における比率は合計で約56％であり，過半数を超えていることがわかる。

一方，天然ガスの09年末の確認埋蔵量について見てみよう。図表Ⅵ-1によれば，湾岸諸国のなかで一番多い国は29兆6,100億立方メートルのイランであり，カタールが25兆3,700億立方メートルでイランに続いている。この2カ国に，サウジアラビア，UAE，イラク，クウェート

111

図表Ⅵ-1　湾岸諸国の原油・天然ガス

	原油（2009年末）		天然ガス（2009年末）	
	確認埋蔵量（単位：10億バレル）	世界における比率（単位：%）	確認埋蔵量（単位：兆立方メートル）	世界における比率（単位：%）
イラン	137.6	10.3	29.61	15.8
イラク	115.0	8.6	3.17	1.7
クウェート	101.5	7.6	1.78	1.0
バーレーン	0.1	0.01	0.092	0.05
カタール	26.8	2.0	25.37	13.5
サウジアラビア	264.6	19.8	7.92	4.2
UAE	97.8	7.3	6.43	3.4

出所：バーレーンの原油・天然ガスの確認埋蔵量・世界における比率は，OAPEC, *Annual Statistical Report* 2010, 2010, pp.9, 10, 12, 13.：http://www.oapecorg.org/publications/ASR/A%20S%20R%202010.pdf., バーレーン以外の6カ国の原油・天然ガスの確認埋蔵量・世界における比率は，*BP Statistical Review of World Energy*, June.2010, pp.6, 22.

が続き，原油の確認埋蔵量と同様にバーレーンが最も少ない。また，同じ図表Ⅵ-1によれば，湾岸諸国の世界における比率は合計で約40％である。

以上の説明より，湾岸諸国は原油・天然ガス確認埋蔵量で，それぞれ世界の3/5弱，約2/5程度を占めており，これらエネルギー資源で世界有数の地域であることがわかる。

（2）原油・天然ガスの生産量

湾岸諸国の原油・天然ガスの生産量を示した図表Ⅵ-2によれば，09年の原油生産量はサウジアラビアが最も多く日量で約818万バレルであり，ロシアの日量約965万バレルに次ぐ世界第2位である[3]。次にイランが同約356万バレルで続き，イラク，クウェート，UAEが同約220-230万バレル程度の原油を生産している。湾岸諸国の原油生産量の合計は日量

Ⅵ ペルシャ湾岸諸国の原油・天然ガス輸出とホルムズ海峡

約1,950万バレルであるが,09年の世界のそれは同約6,903万バレルであるので,湾岸諸国の世界における比率は約28.2％と計算できる[4]。

次に湾岸諸国の天然ガス生産量について,図表Ⅵ-2を再度みてみよう。09年時点で,湾岸諸国のなかで最も多く生産しているのはイランで,生産量は1,312億立方メートルである。イランに次ぐ生産を行っているのはカタールでサウジアラビアがその後に続いている。湾岸諸国における合計の09年の天然ガス生産量は約3,732億立方メートルであるが,同年の世界全体の生産量は2兆9,870億立方メートルであるので,世界に占める湾岸諸国の比率は約12.5％である[5]。

図表Ⅵ-2 湾岸諸国における原油・天然ガスの生産量

	原油生産量（2009年,日量,単位：1000バレル）	天然ガス生産量（2009年,単位：10億立方メートル）[2]
イラン	3557.1	131.2
イラク	2336.2	1.149[3]
クウェート[1]	2261.6	12.5
バーレーン	182.0	12.8
カタール	733.0	89.3
サウジアラビア[1]	8184.0	77.5
UAE	2241.6	48.8

注1）クウェート,サウジアラビアの原油生産量には,中立地帯における各国分の生産量を含む。
注2）天然ガス生産量（イラク以外の6カ国）は,ガスフレアあるいはリサイクルガスを除く。
注3）イラクの天然ガス生産量は,市場向け生産量。
出所：原油生産量はOPEC, *Annual Statistical Bulletin* 2009, p.30, 2010：http://www.opec.org/opec_web/static_files_project/media/downloads/publications/ASB2009.pdf.; 天然ガス生産量（イラク以外の6カ国）は, *BP Statistical Review of World Energy*, June.2010, p.24.; イラクの天然ガス生産量は, OPEC, *Annual Statistical Bulletin* 2009, p.34, 2010：http://www.opec.org/opec_web/static_files_project/media/downloads/publications/ASB2009.pdf.

(3) 原油・天然ガスの輸出量

湾岸諸国の原油輸出量を示した図表Ⅵ-3によれば，サウジアラビアの日量約627万バレルが一番多く，イラン，UAE，イラクは同200万バレル前後である。前掲の図表Ⅵ-2とこの図表Ⅵ-3からわかることは，原油の輸出比率（輸出量／生産量）が各国とも高いことである。原油輸出量の09年のデータが入手できなかったバーレーンを除いた6カ国で考えれば，カタール（約88.2％），UAE（約87.1％），イラク（約81.6％）の3カ国は80％を超えている。残りの3カ国もサウジアラビア（約76.6％），イラン（約62.7％），クウェート（約59.6％）となっており，これら6カ国すべてが生産された原油の半分以上を輸出しているのである[6]。

一方，湾岸諸国の天然ガス輸出量を示した同じ図表Ⅵ-3によれば，湾岸諸国のなかで天然ガスを輸出しているのはパイプライン経由ではイ

図表Ⅵ-3　湾岸諸国の原油・天然ガス輸出量

	原油輸出量（2009年，日量，単位：1000バレル）	天然ガス輸出量（2009年，単位：10億立方メートル）	
		パイプライン	LNG
イラン	2232.0	5.67	―
イラク	1905.6	―	―
クウェート	1348.3	―	―
バーレーン	18.8	―	―
カタール	646.7	18.75	49.44
サウジアラビア	6267.6	―	―
UAE	1953.4	―	7.01

注）バーレーンの原油輸出量は2005年。
出所：原油輸出量（バーレーン以外の6カ国）はOPEC, *Annual Statistical Bulletin* 2009, p.49, 2010：http://www.opec.org/opec_web/static_files_project/media/downloads/publications/ASB2009.pdf.；バーレーンの原油輸出量はOAPEC, *Annual Statistical Report 2010*, p.57, 2010：http://www.oapecorg.org/publications/ASR/A%20S%20R%202010.pdf.；天然ガス輸出量は，*BP Statistical Review of World Energy*, June.2010, p.30

ラン，カタールの2カ国だけであり，LNGではカタール，UAEの2カ国だけである。カタールはパイプライン，LNGの2つの形態で輸出している。

天然ガスの生産量と輸出量（パイプライン，LNG）を比較すれば，イラン，UAEにおいてそれぞれ輸出比率が約4.3％，約14.4％と非常に小規模であるのに対して，カタールのそれは約76.4％と高い[7]。したがって，カタールの天然ガス産業は輸出に大きく依存しているといえる。

（4）湾岸諸国産原油・LNGの日本への輸出

次に，湾岸諸国で生産される原油やLNGが日本にどのくらい輸出されているのか，について考えてみよう。なお，筆者が入手可能な統計データの関係で，輸入国である日本のそれらの輸入量として以下で取り上げたい。

図表Ⅵ-4は，日本の輸入相手国別原油輸入量を2004～2008年でみたものである。08年に日本は全体で約1億9,092万メトリックトンの原油を輸入しているが，そのうちサウジアラビア，UAE，イラン，クウェート，カタール，イラクの6カ国で合計約1億6,238万メトリックトンである。これら6カ国の全体の総原油輸入量に占める比率は，合計で約85.1％である[8]。

次に，湾岸諸国産LNGの日本の輸入量について考えてみたい。図表Ⅵ-5は日本のLNG輸入量（2005-2009年）を示したものである。日本にLNGを輸出している湾岸諸国は，カタール，UAEだけであることは前述したが，これら2カ国から日本は09年にそれぞれ約103億立方メートル，約68億立方メートルのLNGを輸入している[9]。日本の同年の合計のLNG輸入量に占めるカタール，UAEの比率はそれぞれ約12.0％，約7.9％であり，両国で全体の20％程度を占めている[10]。

図表Ⅵ-4　日本の原油輸入量（単位：1000メトリックトン）

	2004年	2005年	2006年	2007年	2008年
サウジアラビア	56,261	63,979	61,201	58,847	58,033
UAE	51,158	51,781	52,876	48,779	45,757
イラン	28,736	25,905	21,184	23,275	20,993
クウェート	17,705	17,398	16,667	16,200	18,492
カタール	16,901	18,095	18,073	18,722	16,474
旧ソ連	1,353	1,484	3,371	7,522	7,468
インドネシア	6,496	6,239	5,338	6,475	5,213
シンガポール	—	—	35	11	—
アフリカのその他	3,968	6,126	5,736	6,035	4,431
オマーン	5,520	5,525	3,551	4,209	4,322
アジアのその他	3,400	3,842	2,894	4,138	3,729
イラク	3,108	1,490	1,931	1,848	2,635
オーストラリア	767	1,377	991	1,677	1,769
中東のその他	540	798	386	779	598
中国	352	822	738	309	473
ガボン	—	129	—	379	367
アルジェリア	278	—	68	—	136
アンゴラ	123	566	1,261	122	27
ナイジェリア	3,498	1,710	973	159	—
カナダ	—	—	30	—	—
エクアドル	93	—	154	112	—
ベネズエラ	—	—	—	275	—
ノルウェー	140	—	—	—	—
合計	200,397	207,266	197,458	199,873	190,917

出所：OECD/IEA, *Oil Information*, 2007 with 2006 data, 2007, p.Ⅲ.295 ; 2009 with 2008 data, 2009, p.Ⅲ.295 ; 2010 with 2009 data, 2010, p.Ⅲ.295（原出所はAnnual Oil Statistics）．

Ⅵ　ペルシャ湾岸諸国の原油・天然ガス輸出とホルムズ海峡

図表Ⅵ-5　日本のLNG輸入量（単位：10億立方メートル）

	2005年	2006年	2007年	2008年	2009年
インドネシア	19.00	18.60	18.07	18.79	17.25
マレーシア	17.65	15.60	17.65	17.47	16.79
オーストラリア	13.05	15.68	16.05	15.94	15.87
カタール	8.35	9.87	10.87	10.91	10.29
ブルネイ	8.35	8.65	8.57	8.22	8.11
UAE	6.75	7.00	7.41	7.41	6.75
ロシア	—	—	—	—	3.69
オマーン	1.25	3.04	4.81	4.25	3.44
赤道ギニア	—	—	0.36	1.64	1.70
ナイジェリア	—	0.22	0.88	2.36	0.77
米国	1.84	1.72	1.18	0.97	0.86
エジプト	—	0.80	1.62	2.21	0.24
トリニダード・トバゴ	—	0.44	0.57	0.67	0.14
アルジェリア	0.08	0.24	0.78	1.12	—
ノルウェー	—	—	—	0.17	—
合計	76.32	81.86	88.82	92.13	85.90

出所：BP, *BP Statistical Review of World Energy*, Jun. 2006, p.30; Jun. 2007, p.30; Jun. 2008, p.30; Jun. 2009, p.30; Jun. 2010, p.30.

3　原油・天然ガスの輸出ルートとホルムズ海峡の迂回

　これまで第2節で，湾岸諸国が原油・天然ガスをどのくらい輸出しているか，についてデータを利用して考えてきたが，次にこの節では，それらをどのように輸出しているのか，つまり輸出ルートについて考えてみるとともに，そのうちどのくらいがホルムズ海峡を迂回することが可能であるのか，などについて考察してみよう。

（1）原油の輸出ルートとホルムズ海峡

　油田で産出された原油が輸出される方法には大きく分類して2つの方法がある。第1に国内のパイプラインで国内の油田から原油積み出し港まで輸送された後にタンカーで輸送する方法である。第2に，油田から国内パイプラインを利用し，国境を越えて隣国のパイプラインに接続する方法である。

　湾岸諸国の原油輸出ルートを考察すると，その多くで第1の方法によってホルムズ海峡を経由する方法が採られていることは容易に想像できる。ただ，具体的に湾岸諸国の実際の原油輸出量を輸出ルート別で分類した統計は，筆者の知るかぎり，皆無である。そのため，以下ではその代替策として，湾岸諸国のどの港から原油が出荷されているのかについて，まず定性的にみてみよう。図表Ⅵ-6は，バーレーン以外の湾岸各国における原油タンカーの港についてまとめた国際エネルギー機関（IEA）の資料である。それによれば，湾岸諸国の原油タンカーの積み出し港（荷揚げ港と両様のものを含む）は，イラン，イラク，クウェート，カタール，サウジアラビア，UAEに合計で37カ所あり，UAEが国別では最も多い。これらの港の多くはペルシャ湾岸に位置するが，サウジアラビアのアル・ムアッジズ・ターミナル（Al Muajjiz Terminal），ヤンブー・クルード・オイル・ターミナル（Yanbu Crude Oil Terminal）のように紅海沿岸にあるものやUAEのフジャイラ（Fujairah），フジャイラ・オフショア・アンカレジ（Fujairah Offshore Anchorage）のようにオマーン湾に位置するものも存在している。

　ペルシャ湾以外に原油積み出し港が存在しているサウジアラビア，UAEは，国内の油田で産出された原油をこれらの港まで輸送するパイプラインが整備されているならば，ホルムズ海峡を通過することなくその一部を外国に輸出することが可能になる。それゆえ，イランの脅威と

Ⅵ ペルシャ湾岸諸国の原油・天然ガス輸出とホルムズ海峡

図表Ⅵ-6　原油タンカーの港

イラン	Assaluyeh Terminal Bandar Abbas Bushire Dorood Terminal (Darius T.) Kharg Island Lavan Island Ras Bahregan (Norwuz T.) Sirri Island Soroosh Terminal	L B L L L L L L L
イラク	Al Basra (Mina Al Bakr) Khor-Al-Amaya	L L
クウェート	Mina Abdulla Mina al Ahmadi Mina Saud	L L L
カタール	Al Rayyan Al Shaheen Terminal Halul Island Mesaieed (Umm Said) Ras Laffan	L L L L L
サウジアラビア	Al Muajjiz Terminal Juaymah Terminal Rabigh Ras Al Khafji Ras Tanura Yanbu Crude Oil Terminal	L L D L L L
UAE	Abu al Bukhoosh Al Ruwais Das Island Fateh Terminal Fujairah Fujairah Offshore Anchorage Hamriyah Hulaylah Terminal Jebel Dhanna Khor Fakkan Mubarek Terminal Mubarraz Island Ras al Khaimah Zirku Island Oil Terminal	L D L L B B L L L B L L L L

L＝積み荷　D＝荷揚げ　B＝両様
出所：OECD/IEA, Oil Information, 2008 with 2007 data, 2008, pp.Ⅱ. 39, 41, 43-46（原出所はSSY Consultancy & Research Ltd）。

いうリスクを分散させることができる。このようなことを可能にする条件の1つに，国土が2つの海洋に面しており，またそれらに原油タンカーの積み出し港があることがあげられよう。サウジアラビア，UAEはこの条件に該当する。前者はペルシャ湾と紅海という2つの海にその国土が面しており，それぞれの海に積み出し港が存在している。また，後者は連邦国家という枠組みで考えるならば，同じ国のアブダビ，ドバイ，シャルジャなどの各首長国がペルシャ湾に面している一方，フジャイラ首長国はオマーン湾に面しており，同じ国でこれらの2つの海に国土が面している。また，アブダビ，フジャイラにそれぞれ積み出し港がある。湾岸諸国のなかで，同じ国が複数の海に面しており，さらにそれらが別の海とつながっているのは，サウジアラビア，UAEだけである。

　これまで原油タンカーの輸送による輸出を検討してきたが，輸出ルートとしてもう1つの可能性がある。国内パイプラインと隣国パイプラインを接続させ，隣国からさらに別の国々のパイプラインに接続することで輸出を行ったり，その隣国の港までパイプラインで輸送し，その港から原油を船に積載してタンカーで輸出する場合などが考えられる。このようなケースを湾岸産油国で考えるならば，イラクが該当する。同国は，北部に位置するキルクーク油田で産出された原油をイラク―トルコパイプライン経由で，地中海に位置するジェイハンまでリンクし，そこからタンカーで輸出を行っている[11]。

　したがって，サウジアラビア，UAEはパイプラインが整備されていることを前提として，両国で産出された原油を国内パイプラインで紅海，オマーン湾にそれぞれ輸送し，そこからタンカーで輸出することでホルムズ海峡を通過することを回避することができる。また，イラクは北部油田産原油を国内およびトルコのパイプラインを経由してトルコ国内の積み出し港からタンカーで輸出を行うことで，ホルムズ海峡経由での輸出をしなくても済むことになる。

Ⅵ　ペルシャ湾岸諸国の原油・天然ガス輸出とホルムズ海峡

　このように輸出ルートを検討していくと，国土が1つの海にしか面していおらず，しかも周辺がペルシャ湾かあるいは隣国が同じ産油国であれば，輸出ルートがペルシャ湾そしてホルムズ海峡経由しかなくなり，イランがホルムズ海峡を封鎖した場合に非常に不利になることがわかる。クウェート，バーレーン[12]，カタールがそれに該当する。

　次に，これらの定性的な説明を踏まえて，定量的に検討してみよう。以下では，ホルムズ海峡を迂回可能な原油輸出量の数字を引用して，どのくらいの割合がこの海峡を迂回可能であるのか，について考えてみたい。

　前掲した図表Ⅵ-3によれば，2009年の湾岸諸国の原油輸出量は合計で日量約1437万バレルである[13]。一方，中東経済専門の雑誌であるミドル・イースト・エコノミック・ダイジェスト（Middle East Economic Digest：MEED）に掲載された資料によれば，ホルムズ海峡を迂回可能な能力は日量で280-430万バレルである[14]。したがって，この数字を参考にすれば，湾岸諸国がホルムズ海峡を経由しないで外国へ輸出可能な比率は，2009年で約19.5％-約29.9％と計算できる。つまり，20-30％程度は，湾岸諸国がこの海峡以外の別のルートを利用して輸出が可能であるということである。この比率は「輸出可能な比率」であって「実際に輸出している比率」ではない。

　次にホルムズ海峡を経由しない迂回能力を有している国，つまりサウジアラビア，UAE，イラクの3カ国を以下で個別にみていこう。

　第1に，サウジアラビアである。前述のMEEDの資料によれば，この産油国の迂回可能能力は日量240万バレルである[15]。つまり，サウジアラビアは，ホルムズ海峡を迂回する代替ルートの輸送能力に関して，湾岸諸国全体の多くを占めているのである。同国の油田は，世界最大のガワール油田，サファニヤ油田，アブーカイク油田など，その多くが東部に位置している。そのため，これら東部で産出された原油の一部が紅

121

海沿岸のヤンブーまで輸送されているが，そのパイプラインは「東西原油パイプライン（East-West Crude Oil Pipeline）」，通称「ペトロライン（Petroline）」と呼ばれている[16]。

国営石油会社サウジアラムコのホームページによれば，このパイプラインによって東西が結ばれたのは1981年であり，87年に日量320万バレルに能力拡張が行われた。その後，92年には輸送能力が同500万バレルに増強されている[17]。ただし，このパイプラインの現在の使用は，その能力の半分を下回るレベルでなされているもようである[18][19]。

第2に，UAEである。UAEの多くの油田はアブダビ首長国にある。その首長国にあるハブシャン油田から同じUAEにあり，オマーン湾に面するフジャイラ首長国の輸出ターミナルまでの原油パイプラインが，2011年8月までに完成する見通しである。このパイプラインは「アブダビ・原油パイプライン（Abu Dhabi Crude Oil Pipeline：ADCOP）」と呼ばれており，輸送能力は日量150万バレルである[20][21]。

第3に，イラクである。前述したように，イラク産原油の一部はトルコのジェイハンまで「イラク―トルコパイプライン」で輸送されている[22]。このパイプラインの輸送能力に関しては，イラクとトルコが日量160万バレルに引き上げる協定に調印している[23]。ただ，09年時点では日量180万バレルのイラクの輸出量のうち，約150万バレルがホルムズ海峡経由であり，残りがこのパイプラインを経由して輸出されているもようである[24][25]。

（2）天然ガスの輸出ルートとホルムズ海峡

前掲した図表Ⅵ-3によれば，湾岸諸国のなかで天然ガスを輸出しているのは，イラン，カタール，UAEの3カ国だけである。このうちイランの09年の輸出はパイプライン経由であり，輸出相手国はトルコ，アゼルバイジャンである[26]。

Ⅵ　ペルシャ湾岸諸国の原油・天然ガス輸出とホルムズ海峡

　一方，カタールの場合は，パイプライン，LNGの両方の形態で天然ガスを09年に輸出している。まず，パイプラインによる天然ガス輸出の相手国は，UAE，オマーンである[27]。また，LNGの輸出相手国（地域）は，09年時点で米国，カナダ，メキシコ，チリ，ベルギー，フランス，イタリア，スペイン，トルコ，英国，中国，インド，日本，韓国，台湾と米大陸，欧州，アジアの広範囲にわたっている[28]。また，UAEが2009年にLNGを輸出した国は，ポルトガル，インド，日本の3カ国である[29]。

　これらの説明よりわかるのは以下の点である。第1に，イランのパイプライン経由での輸出はイランの西方ないし北西方向に向かっている。第2に，カタールのパイプライン経由での輸出は域内パイプラインを通じて行われている。UAEへの輸出は海底パイプラインで行われ，そこからオマーンへUAEの陸上パイプラインを経由して行われている[30]。第3にカタールの14カ国，1地域へのLNG輸出は，同国の首都であるドーハの北部にある工業都市のラス・ラファンの輸出ターミナルから行われている[31]。第4に，UAEがLNG輸出を行っている際の輸出ターミナルは，ダス島である[32]。同島はUAEの首都であるアブダビの北西方向に位置するペルシャ湾に浮かぶ島である。

　以上の説明より，第1，第2の輸出ルートはホルムズ海峡を経由していないが，一方で第3，第4の輸出ルートはホルムズ海峡を経由していることがわかる。したがって，同海峡経由の天然ガス輸出量はカタールとUAEのLNG輸出量の合計であり，09年で約565億立方メートルである（前掲図表Ⅵ-3参照）[33]。したがって，湾岸諸国のパイプライン，LNGでの天然ガス輸出量に占めるホルムズ海峡経由の数量は，前掲の図表Ⅵ-3の数字を用いて，09年で約69.8％と計算できる[34]。つまり，湾岸諸国の天然ガス輸出の3割程度がホルムズ海峡を経由しないで行われているのである。

4 終わりに ―まとめに代えて―

　そもそも，湾岸諸国はなぜホルムズ海峡を迂回するルートを検討しているのであろうか。その理由として以下の点を指摘できよう。つまり，イランの海峡封鎖による輸出停止へのリスク回避である。しかし，これまで説明してきたように，原油輸出量の20-30％程度，天然ガス輸出量の30％程度がホルムズ海峡を経由しないで輸出可能か，あるいは実際にそれを迂回して輸出されているに過ぎない。湾岸諸国産原油・天然ガスの70-80％程度はこの海峡を通過せざるを得ないのである。

　湾岸諸国は，ホルムズ海峡を迂回するために，すでに言及したようにサウジアラビア，イラクが原油輸出量の一部をパイプライン経由で輸出しているか，UAEはこれから予定している。また，湾岸諸国の中にはそれを行いたくても不可能な国もある。クウェート，カタール，バーレーンなどである。これらの国はパイプライン，タンカーのいずれの輸出手段であれ，地理的条件からホルムズ海峡を迂回することは非常に困難である。また，カタールは原油だけではなく，LNG輸出においてもホルムズ海峡を経由せざるを得ない。むしろ，LNG輸出の方がカタールにとっては重要であるので，これがその海峡経由でしか輸出手段がないことは，有事の際に非常に大きなダメージとなるであろう。

　湾岸諸国には，複数の国が国際協力のもとでパイプラインを建設する計画があった。アラビア半島を横断する石油パイプラインである。この構想では6本のパイプラインが計画され，サウジアラビアとUAE，オマーン，イエメンなどを結ぶものなどが検討されたが[35]，実現に至っていない。この地域で国境を越えたパイプラインとして，「ドルフィン・プロジェクト」がある。カタールで生産された天然ガスをUAE，オマーンなどにパイプライン経由で輸出するプロジェクトである[36]。ただ，

Ⅵ　ペルシャ湾岸諸国の原油・天然ガス輸出とホルムズ海峡

政治的理由もあって，この唯一の成功例を除いて石油・天然ガスのパイプラインに関する国際協力の事例は存在していない。ただ，電力の場合，「電力グリッド」によってGCC諸国間での統合を目指している。石油・天然ガスの面でも，ドルフィン・プロジェクトをモデルケースにGCCの国際協力が可能になれば，ホルムズ海峡を迂回する比率を高めることができるが，現時点では非常に難しいといえよう。

　最後に，日本について言及しておこう。日本の原油輸入量の多くは湾岸諸国からの輸入であることや，LNG輸入先の一部が湾岸諸国であることは前述したとおりである（前掲図表Ⅵ-4，Ⅵ-5参照）。このうち，今後，ホルムズ海峡を迂回して輸出されるのは，UAEにおける「ADCOP」経由の原油のみとなる予定である。サウジアラビアの「東西原油パイプライン」は欧州市場向けであって[37]，コストや輸送にかかる日数を考えれば，このパイプライン経由で遠回りして日本に輸出することは考えにくい。イラクのパイプラインは主に同国より西側方面への輸出が対象である。

　前述したように，08年の湾岸6カ国からの原油輸入量は約1億6,238万メトリックトンであり，また同年のUAEからの日本の原油輸入量は約4,576万メトリックトンである（図表Ⅵ-4参照）[38]。一方，08年のUAEの原油輸出量は日量約233万バレルである[39]。この数字をメトリックトンおよび年間表示すれば約1億1,622万メトリックトンであるので，UAEの原油輸出量に占める日本への原油輸出量（日本のUAEからの原油輸入量）の比率は約39.4％である。また，前述した「ADCOP」の日量最大輸送能力とこの比率を積算し，メトリックトンおよび年間表示になおせば約2,942万メトリックトンとなるが，この数字は日本の「ADCOP」経由の年間輸出量を示している。

　いま，UAEの08年時点の日本向け輸出比率が「ADCOP」経由の日本向け原油輸出比率と同じであり，かつ「ADCOP」が輸送能力一杯まで

使用されていると仮定すれば,バーレーン以外の湾岸6カ国の原油輸入量に占める比率は約18.1％と計算できる。つまり,日本の湾岸6カ国からの原油輸入量において2割弱程度しか「ADCOP」の使用によってホルムズ海峡を迂回することが可能にならないのである。また,カタール,UAEからの日本のLNG輸入については,両国とわが国の間でパイプラインを建設するのは非現実的であり,両国からの輸入を今後も続けるかぎり,LNG船の利用は避けることはできない。したがって,今後もし新たなパイプラインが建設されなければ,「ADCOP」がフル稼働したとしても日本にとって湾岸諸国からの原油輸入の80％程度,LNG輸入の20％程度は[40],今後もホルムズ海峡を通過せざるを得ない。このことは,とくに原油輸入において,イラン・リスクを考慮しながら,有事の際に引き起こされるであろう原油価格の急騰への対応をわが国が常に念頭においておかなければならないことを意味している。

注

（1） これら8カ国のうち,イラン,イラク以外の6カ国は1981年に設立された湾岸協力会議（GCC）の加盟国である。石油輸出国機構（OPEC）の加盟国はイラン,イラク,クウェート,サウジアラビア,カタール,アラブ首長国連邦（UAE）の6カ国である。アラブ石油輸出国機構（OAPEC）の加盟国は,イラク,クウェート,サウジアラビア,バーレーン,カタール,UAEの6カ国である。また,国連の機関である西アジア経済社会委員会（ESCWA）の加盟国はアラブの西アジア諸国・地域と北アフリカのエジプト,スーダンであり,イランは含まれていない。つまり,GCC,OPEC,OAPEC,ESCWAのいずれの機関の加盟国でみても,これら8カ国すべてに共通していない。

（2） ここで「湾岸諸国」と呼んでいるのは,オマーン以外の7カ国,つまりイラン,イラク,クウェート,サウジアラビア,バーレーン,カタール,UAEである。

（3） OPEC, *Annual Statistical Bulletin* 2009, p.30, 2010：http://www.opec.org/opec_web/static_files_project/media/downloads/publications/ASB2009.pdf.

（4） *Ibid.*

（5） BP, *BP Statistical Review of World Energy,* June 2010, p.24.

（6） 各国の輸出比率は,OPEC, *op. cit.,* 2010, pp.30, 49より筆者計算。

(7) 各国の輸出比率は，BP, *op.cit.*, 2010, pp.24, 30より筆者計算。
(8) OECD/IEA, *Oil Information*, 2010 with 2009 data, 2010, p.Ⅲ.295（原出所はAnnual Oil Statistics）より筆者計算。また同資料によれば，日本の輸入相手国の分類で「バーレーン」はないため，同国の比率は不明である。
(9) BP, *op.cit.*, 2010, p.30.
(10) *Ibid.*より筆者計算。
(11) U. S. Energy Information Administraion, *Country Analysis Briefs:Iraq*, September. 2010（http://www.eia.gov/EMEU/cabs/Iraq/pdf.pdf）.
(12) バーレーンには隣国のサウジアラビアとの間で原油パイプラインが敷設されているが，これはバーレーンがサウジアラビアから原油を輸入するのに使用されている。
(13) OPEC, *op. cit.*, 2010, p.49 ; OAPEC, *Annual Statistical Report 2010*, 2010, p.57：http://www.oapecorg/publications/ASR/A%20S%20R%202010.pdf.より筆者計算。
(14) Perry, Williams, "An alternative route", *Middle East Economic Digest*, June 8-14, 2007, p.56, table（HORMUZ CRUDE BYPASS ROUTES）（原出所はInternational Energy Agency）。なお，この迂回可能な能力の数字に関して，同資料は，本章の「湾岸諸国」からバーレーンを除いた6カ国を対象にしている。
(15) *Ibid.*
(16) U. S. Energy Information Administraion, *Country Analysis Briefs:Saudi Arabia*, January, 2011（http://www.eia.gov/EMEU/cabs/Saudi_Arabia/pdf.pdf）.
(17) http://www.saudiaramco.com/irj/portal/anonymous?favink = %2FSaudi AramcoPublic%2Fdocs%2FAt + A + Glance%2FOur + Story&In = en（2011年4月27日アクセス）。
(18) U. S. Energy Information Administraion, *op. cit.*, January, 2011.
(19) このパイプラインと平行して「アブーカイク・ヤンブー天然ガス液（NGL）パイプライン」もあるが，これはヤンブーの石油化学工業のために利用されている（U. S. Energy Information Administraion, *op. cit.*, January, 2011.）。
(20) U. S. Energy Information Administraion, *Country Analysis Briefs:United Arab Emirates*, January, 2011（http://www.eia.gov/EMEU/cabs/UAE/pdf.pdf）.
(21) 前掲したMEEDの資料によれば，フジャイラへのパイプライン完成でホルムズ海峡を迂回可能な原油量は日量150万バレルとされている（Perry Williams, *op. cit.*, 2007, p.56, table（HORMUZ CRUDE BYPASS ROUTES））。
(22) U. S. Energy Information Administraion, *op. cit.*, September 2010. また同資料によれば，トルコまでのパイプライン以外に，「イラク―シリア―レバノンパイプライン」，「イラクパイプライン・トゥー・サウジアラビア（IPSA）」がかつて存

在していたが，両方とも現在は閉鎖されている。
(23) U. S. Energy Information Administraion, *op. cit.*, September 2010.
(24) *Ibid.*
(25) Perry Williams, *op. cit.*, 2007, p.56, table (HORMUZ CRUDE BYPASS ROUTES) によれば，ホルムズ海峡を迂回することが可能なイラク産原油の輸送能力は，全体的に日量30万バレルである。
(26) BP, *op. cit.*, 2010, p.30. また，同資料によれば，イランの2009年の天然ガス輸出量は，トルコが52億5,000万立方メートル，アゼルバイジャンが4億2,000万立方メートルである。
(27) BP, *op. cit.*, 2010, p.30. また同資料によれば，UAE，オマーンへの輸出量はそれぞれ，172億5,000万立方メートル，15億立方メートルである。
(28) BP, *op. cit.*, 2010, p.30.
(29) *Ibid.*
(30) カタール産天然ガスのUAE，オマーンへの輸出は，「ドルフィン・プロジェクト」と呼ばれている。
(31) OECD/IEA, *Natural Gas Information*, 2010 with 2009 data, 2010, p.Ⅱ.58（原出所はInternational Group of Liquefied Natural Gas Importers）。また，同資料によれば，ラス・ラファンには3つのLNG輸出ターミナルがあり，合計で11の系列がある。
(32) OECD/IEA, *Natural Gas Information*, 2010 with 2009 data, 2010, p.Ⅱ.58（原出所はInternational Group of Liquefied Natural Gas Importers）。
(33) BP, *op. cit.*, 2010, p.30より筆者計算。
(34) BP, *op. cit.*, 2010, p.30より筆者計算。
(35) Perry Williams, *op. cit.*, 2007, p.56.
(36) 現在のところ，このパイプラインはホルムズ海峡を迂回し中東以外の世界各国に輸出するためのものではなく，ガス不足に直面する湾岸域内のUAE，オマーンにカタールが輸出するためのものである。
(37) U. S. Energy Information Administraion, *op. cit.* (Country Analysis Briefs：Saudi Arabia), January 2011.
(38) OECD/IEA, *Oil Information*, 2010 with 2009 data, 2010, p.Ⅲ.295（原出所はAnnual Oil Statistics）。
(39) OPEC, *op. cit.*, 2010, p.49.
(40) BP, *op. cit.*, 2010, p.30. より筆者計算。

Ⅵ ペルシャ湾岸諸国の原油・天然ガス輸出とホルムズ海峡

参考文献
〈外国語文献〉

Abi-Aad, Naji, Natural Gas in the GCC:Current Status and Future Prospects, 2008, pp.61-81, in The Emirates Center for Strategic Studies and Research, *Future Arabian Gulf Energy Sources:Hydrocarbon, Nuclear or Renewable?*, The Emirates Center for Strategic Studies and Research.

BP, *BP Statistical Review of World Energy*, various editions (http://www.bp.com/).

Cordesman, Anthony H., *Saudi Arabia Enters the Twenty-First Century:The Political, Foreign Policy, Economic, and Energy Dimensions*, Praeger, 2003.

Cordesman, Anthony H., *Energy Developments in the Middle East*, Praeger, 2004.

Cordesman, Anthony, H., and Khalid, R., Al-Rodhan, *The Changing Dynamics of Energy in the Middle East*, Praeger Security International, 2006.

Al-Falih, Khalid A., "Saudi Arabia's gas sector: its role and growth opportunities", *Oil and Gas Journal*, June 21, 2004, pp.18-24.

Fattouh, Bassam and Jonathan, P., Stern, *Natural Gas Markets in the Middle East and North Africa*, Oxford University Press for the Oxford Institute for Energy Studies, 2011.

Joint UNDP/World Bank Energy Sector Management Assistance Programme (ESMAP), Cross-Border Oil and Gas Pipelines:Problems And Prospects, 2003 (http://siteresources.worldbank.org/INTOGMC/Resources/crossborderoilandgaspipelines.pdf).

OAPEC, *Annual Statistical Report*, various editons (http://www.oapecorg.org/).

OAPEC (Munaẓẓama al-Aqṭāri al-'Arabīya al-Muṣdira Lilbatrūli), *Tanmiya Mawāridi al-Ghāzi al-Ṭabīyī fī al-Duwali al-'Arabīya* (『アラブ諸国における大然ガス資源の開発』) Munaẓẓama al-Aqṭāri al-'Arabīya al-Muṣdira Lilbatrūli, 2009 (http://www.oapecorg.org/publications/Studies/Arab%20Gas%20Study.pdf).

OECD/IEA, *Electricity Information*, various editions.

OECD/IEA, *Energy Statistics of Non-OECD Countries*, various editions.

OECD/IEA, *Natural Gas Information*, various editions.

OECD/IEA, *Oil Information*, various editions.

OECD/IEA, *World Energy Outlook 2005:Middle East and North Africa Insights*, 2005.

OPEC, *Annual Statistical Bulletin*, various editions (http://www.opec.org/).

Stevens, Paul, "Pipelines or pipe dreams?Lessons from the history of Arab transit pipelines", *The Middle East Journal*, Vol.54, No.2, 2000, pp.224-241.

Talmadge, Caitlin, "Closing Time:Assessing the Iranian Threat to the Strait of Hormuz", *International Security*, Vol.33, No.1, 2008, pp.82-117.

U.S.Energy Information Administraion, *Country Analysis Briefs:Saudi Arabia*, August 2008 (http://www.eia.gov/EMEU/cabs/Saudi_Arabia/pdf.pdf).

U.S.Energy Information Administraion, *Country Analysis Briefs:Saudi Arabia*, November 2009 (http://www.eia.gov/EMEU/cabs/Saudi_Arabia/pdf.pdf).

U.S.Energy Information Administraion, *Country Analysis Briefs:Iran*, January 2010 (http://www.eia.gov/EMEU/cabs/Iran/pdf.pdf).

U.S.Energy Information Administraion, *Country Analysis Briefs:Kuwait*, May 2010 (http://www.eia.gov/EMEU/cabs/Kuwait/pdf.pdf).

U.S.Energy Information Administraion, *Country Analysis Briefs:Iraq*, September 2010 (http://www.eia.gov/EMEU/cabs/Iraq/pdf.pdf).

U.S.Energy Information Administraion, *Country Analysis Briefs:Saudi Arabia*, January 2011 (http://www.eia.gov/EMEU/cabs/Saudi_Arabia/pdf.pdf).

U.S.Energy Information Administraion, *Country Analysis Briefs:Qatar*, January 2011 (http://www.eia.gov/EMEU/cabs/Qatar/pdf.pdf).

U.S.Energy Information Administraion, *Country Analysis Briefs:United Arab Emirates*, January 2011 (http://www.eia.gov/EMEU/cabs/UAE/pdf.pdf).

U.S.Energy Information Administraion, Country Analysis Briefs: World Oil Transit Chokepoints, February 2011 (http://www.eia.gov/emeu/cabs/World_Oil_Transit_Chokepoints/pdf.pdf)

U.S.Energy Information Administraion, *Country Analysis Briefs:Bahrain*, March 2011 (http://www.eia.gov/EMEU/cabs/Bahrain/pdf.pdf).

Vera de Ladoucette, Saudi Arabia's Oil and Gas Industry:Strategic Outlook and Policy Options, 2006, pp.145-160, In The Emirates Center for Strategic Studies and Research, *The Gulf Oil and Gas Sector:Potential and Constraints*, The Emirates Center for Strategic Studies and Research.

Williams, Perry, "An alternative route", *Middle East Economic Digest*, June 8-14, 2007, pp.54-57.

World Energy Council, 2007 *Survey of Energy Resources*, 2007 (http://www.worldenergy.org/documents/ser2007_final_online_version_1.pdf).

〈日本語文献〉

石田聖「中東地域の天然ガス（上）―今後の生産，消費，輸出の展望―」,『石油・天

然ガスレビュー』JOGMEC, Vol.43, No.6, 2009年（http://oilgas-info.jogmec.go.jp/pdf/3/3459/200911_021a.pdf）。

河村朗「サウジアラビアのエネルギー産業と国際経済関係」佐藤千景・島敏夫・中津孝司編『エネルギー国際経済』晃洋書房，2004年，45-57頁。

河村朗「天然ガスを輸入するUAE―サウジアラビアとの比較―」『ペトロテック』Vol.33, No.2, 2010年，74-80頁。

河村朗「バーレーンにおける天然ガスの動向と発電」（西南学院大学経済学論集）Vol.45, No.4, 2011年，27-47頁。

塩原俊彦『パイプラインの政治経済学―ネットワーク型インフラとエネルギー外交』法政大学出版局，2007年。

中津孝司編『中東問題の盲点を突く』創成社，2011年。

社団法人日本エネルギー学会天然ガス部会編『天然ガスのすべて―その資源開発から利用技術まで―』コロナ社，2008年。

「ホルムズ海峡が封鎖されれば…―第三次石油危機のシナリオ―（米議会調査局報告書）」『世界週報』Vol.64 No.43, 1983年10月25日号，23-29頁。

〈新聞・雑誌等〉

Al Arabiya:http://english.alarabiya.net/（various days）.
Arab News:http://arabnews.com/（various days）.
ArabianBusiness.com:http://www.arabianbusiness.com/（various days）.
Emirates 24|7:http://www.emirates247.com/（various days）.
Gulf News:http://gulfnews.com/（various days）.
Middle East Economic Digest（MEED）（various weeks）.
Middle East Economic Survey（MEES）（various weeks）.
Oil and Gas Journal（various weeks）.
『日本経済新聞』各日号。

VII

リビアにおける
エネルギー資源の動向と欧州諸国

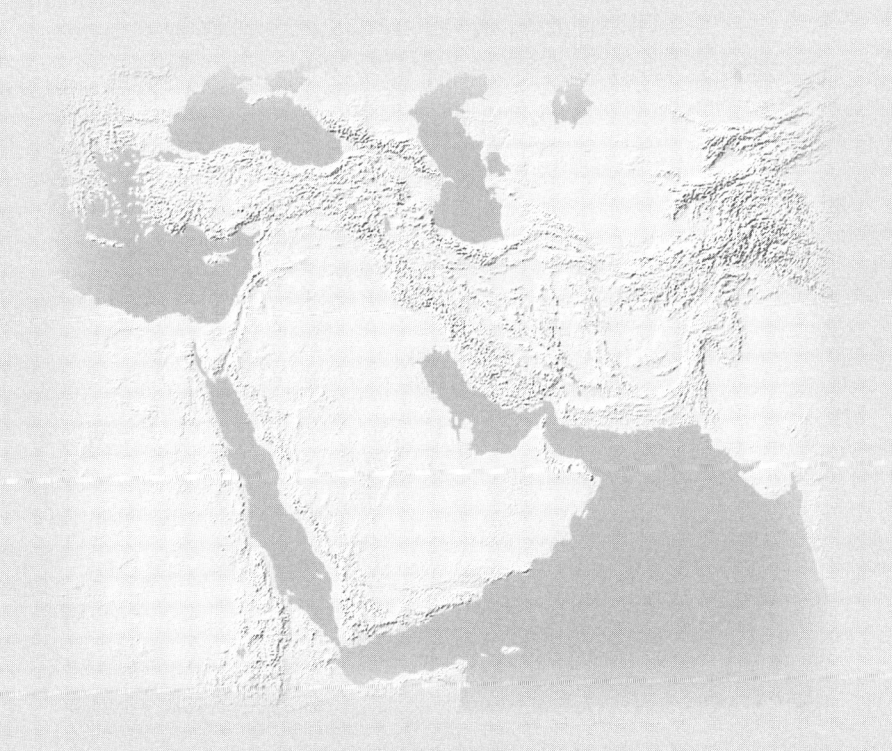

1 はじめに

　中東・北アフリカ諸国，いわゆる「MENA」諸国が世界的に今日注目されている。2011年1月にチュニジアで始まった「ジャスミン革命」による民主化運動は，エジプト，イエメン，シリア，バーレーン，リビアなど「MENA」各国に波及している。エジプトでは，1981年に暗殺されたサダト大統領の後を引き継いだムバラク大統領が辞任に追い込まれ，またシリアでは親子2代にわたって強権支配してきたアサド政権が窮地に追い込まれている。リビアでは69年に政権を握ったカダフィ大佐が，トリポリを拠点とした「国民評議会」の反政府勢力と内戦を繰り広げている。この「国民評議会」をフランスはリビアの正統な代表として世界で初めて承認した。また，国連安保理決議のもとで，多国籍軍はカダフィ政権への攻撃姿勢を鮮明にしている。

　リビアは石油輸出国機構（OPEC）の加盟国であり，世界有数の産油国である。BP統計によれば，09年末の同国の原油確認埋蔵量は443億バレルでアフリカ大陸の産油国のなかで最も多く，世界全体でみれば，サウジアラビア，ベネズエラ，イラン，イラク，クウェート，UAE（アラブ首長国連邦），ロシアに次ぐ世界第8位に位置づけられている[1]。

　本章の目的は，「MENA」諸国の政情不安が広がっているなかで，リビアの石油・天然ガス情勢について焦点を当て，第1に，この国のこれらエネルギー資源に欧州諸国がどのくらい依存しているのかを明らかにすることであり，また第2に，リビアにおける政情不安が国際原油市場にどのような影響を及ぼしているのか，について説明することである。

　以下，第2節では，石油・天然ガスのデータを通じて，この国のこれらエネルギー資源の動向を概観しよう。次に第3節で，これら資源に欧州諸国がどのくらい依存しているのか，について説明する。第4節では，

VII　リビアにおけるエネルギー資源の動向と欧州諸国

2011年の年初数カ月のリビアにおける情勢変化と原油の動向についても言及する。最後に，今後を展望しよう。

2 リビアにおける原油・天然ガスの動向

まず最初に，この北アフリカの国において，原油や天然ガスの確認埋蔵量，需給量，貿易量などのこれまでの歴史や現状について概観しておこう。

(1) 原油・天然ガス確認埋蔵量

リビアで商業量の原油がみつかったのは1959年である[2]。この国の80年代以降09年までの原油確認埋蔵量の推移を示した図表Ⅶ-1によれば，この産油国の80年末時点のそれは230億バレルであったが，09年末には443億バレルに約1.9倍に増大している。前述したように，現在の世界における位置づけは世界第8位であり，世界全体の3.3％を占めている[3]。

図表Ⅶ-1　リビアの原油確認埋蔵量（各年末，単位：10億バレル）

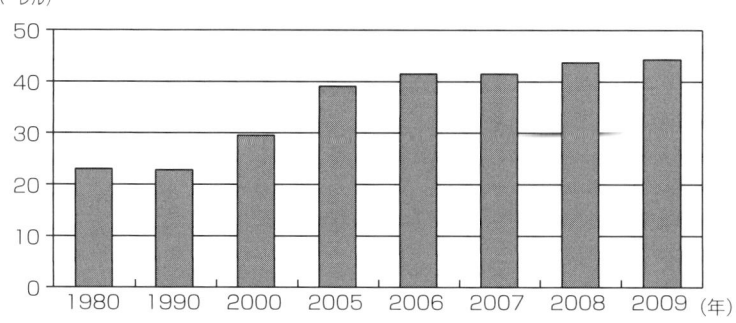

出所：*BP Statistical Review of World Energy*, June 2001, p.4;June 2006, p.6;June 2007, p.6;June 2008, p.6;June 2009, p.6;June 2010, p.6.より筆者作成。

アフリカ大陸では最大の埋蔵量を有しており，ナイジェリア（372億バレル），アンゴラ（135億バレル），アルジェリア（122億バレル）などがリビアに次いで多い国々である[4]。

一方，天然ガス確認埋蔵量の同期間の推移をみた図表Ⅶ-2によれば，この国のそれは80年の6,700億立方メートルから09年に1兆5,400億立方メートルと約2.3倍に増大している。ただ，この間継続的に増えてきているわけではなく，また最近3年間はほぼ横ばいで停滞している。この国の世界における位置付けをみるならば，09年末に世界第21位で，世界におけるシェアは0.8％となっており，原油確認埋蔵量と比べれば，相対的に世界においてリビアの占めるポジションはより小さい[5]。また，アフリカ大陸においては，この国はナイジェリア（5兆2,500億立方メートル），アルジェリア（4兆5,000億立方メートル），エジプト（2兆1,900億立方メートル）に次ぐ第4位である[6]。

図表Ⅶ-2　リビアの天然ガス確認埋蔵量（各年末，単位：兆立方メートル）

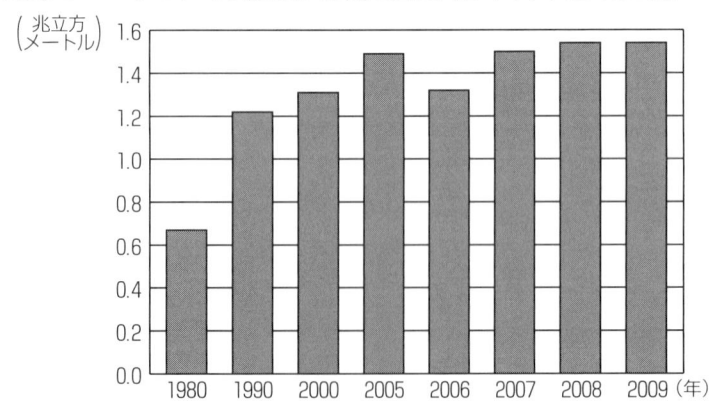

出所：*BP Statistical Review of World Energy*, June 2001, p.20, June 2006, p.22, June 2007, p.22, June 2008, p.22, June 2009, p.22, June 2010, p.22.より筆者作成。

（2）原油生産量・輸出量

　リビアの原油生産量およびその輸出量を70年以降09年までの約40年間で表示した図表Ⅶ-3によれば，70年に原油生産量は日量約332万バレルであった。同年の原油輸出量は日量で約331万バレルであったので，生産された原油のほぼすべてが外国向けに供給されていた。しかし，その後，原油生産量は70年代なかばには同150万バレル程度まで減少し，一時的に同200万バレル前後まで増えたものの，その後80-90年代に同100-140万バレル程度で推移した。ここ数年は同150-170万バレル程度で若干やや増えている。一方，同じ図表Ⅶ-3によれば，原油輸出量は70年代に生産量のほとんどが輸出されていたが，80年代から国内需要に向かう原油が増え初め，近年では日量で30万バレル程度が国内消費に回わっており，生産量の80％前後が輸出されている。図表Ⅶ-4によれば，09年におけるリビアの原油輸出量は日量約117万バレルで，世界第13位である。

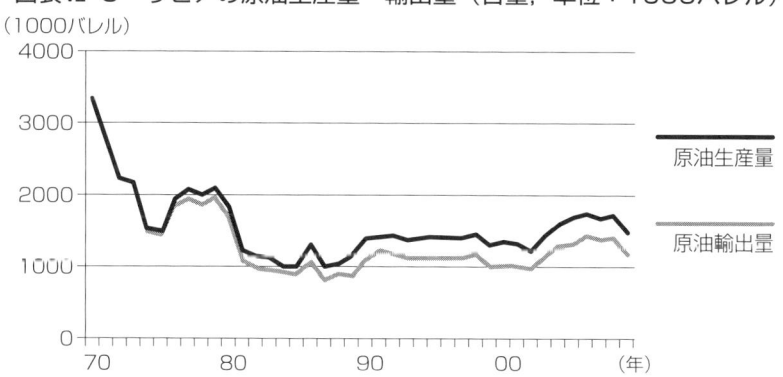

図表Ⅶ-3　リビアの原油生産量・輸出量（日量，単位：1000バレル）

出所：OPEC, *Annual Statistical Bulletin* 2004, pp.21,31, 2005；2005, pp.23, 33, 2006; 2009, pp.30, 49. 2010.
（http://www.opec.org/opec_web_/static_files_project/media/downloads/publications/ASB2009.pdf）より筆者作成。

図表Ⅶ-4　世界の原油輸出量(2009年,上位15カ国,日量,単位:1000バレル)

サウジアラビア	6267.6
ロシア	5607.8
イラン	2232.0
ナイジェリア	2160.4
UAE	1953.4
イラク	1905.0
ノルウェー	1773.3
アンゴラ	1769.6
ベネズエラ	1608.3
カナダ	1491.3
クウェート	1348.3
メキシコ	1311.7
リビア	1170.4
英国	775.5
アルジェリア	747.5
全世界	38519.1

出所：OPEC, *Annual Statistical Bulletin* 2009, p.49, 2010. (http://www.opec.org/opec_web_/static_files_project/media/downloads/publications/ASB2009.pdf).

(3) 天然ガス生産量・輸出量

　次に図表Ⅶ-5によって，リビアにおける天然ガスの生産量と輸出量の推移をみてみよう。2000年にこの国における天然ガス生産量は年間59億立方メートルであった。その後数年間はほぼ横ばいであったが，04年から急増し始め，09年のそれは153億立方メートルとこの10年間で約2.6倍に増えている。一方，図表Ⅶ-5およびⅦ-6によれば，2000年の天然ガス輸出量は8億立方メートルであったが，このすべてはスペインへのLNG輸出であった。リビアのLNG輸出相手国はスペインだけであり，2000年以降約5億立方メートルから約9億立方メートルの間で推移している[7]。また，図表Ⅶ-6は，この国の天然ガスの2000年以降の輸出量

Ⅶ　リビアにおけるエネルギー資源の動向と欧州諸国

をパイプライン経由とLNG輸出とに分けてみたものである。この図表Ⅶ-6によれば，当初はLNGしか輸出をしていなかったが(8)，パイプラインを経由した天然ガス輸出は04年に開始された。その輸出相手国は04～09年までイタリアのみであり，輸出量は07年以降に90億立方メートルを超えている。イタリアへの輸出は04年に稼働を始めた「グリーンストリーム」によって行われている(9)。図表Ⅶ-5・Ⅶ-6の09年のリビアの輸出

図表Ⅶ-5　リビアの天然ガス生産量1)・輸出量（単位：10億立方メートル）

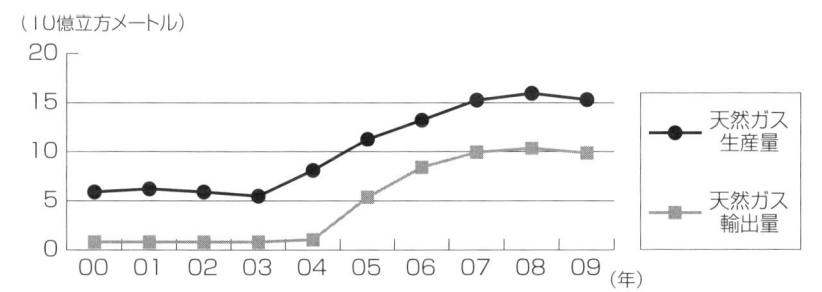

注1）ガスフレアないしリサイクルガスを除く。
出所：天然ガス生産量は，*BP Statistical Review of World Energy*, June 2010, p.24.天然ガス輸出量は，BP Statistical Review of World Energy, June 2001, p.28; 2002, p.28, 2003, p.28; 2004, p.28; 2005, p.28; 2006, p.30; 2007, p.30; 2008, p.30; 2009, p.30; 2010, p.30.より筆者作成。

図表Ⅶ-6　リビアのパイプライン・LNG別天然ガス輸出量（単位：10億立方メートル）

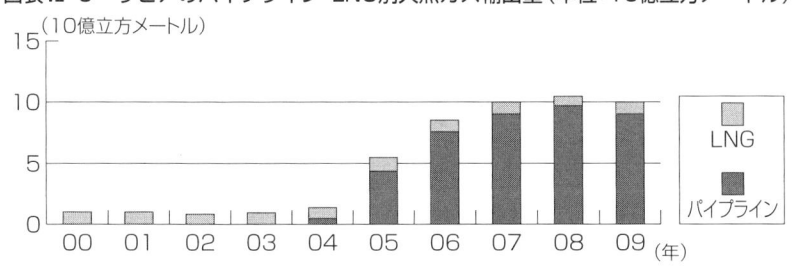

出所：*BP Statistical Review of World Energy*, June 2001, p.28; 2002, p.28; 2003, p.28; 2004, p.28; 2005, p.28; 2006, p.30; 2007, p.30; 2008, p.30; 2009, p.30; 2010, p.30.より筆者作成。

図表Ⅶ-7　世界の天然ガス（パイプライン・LNG）輸出量
（2009年，上位20カ国，単位：10億立方メートル）

輸出国	パイプライン輸出量	LNG輸出量	総輸出量
ロシア	176.48	6.61	183.09
ノルウェー	95.72	3.17	98.89
カナダ	92.24	—	92.24
カタール	18.75	49.44	68.19
アルジェリア	31.77	20.90	52.67
オランダ	49.67	—	49.67
インドネシア	9.67	26.00	35.67
マレーシア	1.20	29.53	30.73
米国	29.46	0.86	30.32
オーストラリア	—	24.24	24.24
トリニダード・トバゴ	—	19.74	19.74
エジプト	5.50	12.82	18.32
トルクメニスタン	16.73	—	16.73
ナイジェリア	—	15.99	15.99
ウズベキスタン	15.70	—	15.70
ドイツ	12.80	—	12.80
英国	12.17	—	12.17
オマーン	—	11.54	11.54
カザフスタン	10.30	—	10.30
リビア	9.17	0.72	9.89

出所：*BP Statistical Review of World Energy*, June, 2010, p.30.

量を他国と比べたものが図表Ⅶ-7である。パイプライン経由とLNG輸出の両方の数量をあわせたこの国の輸出量は，09年に約99億立方メートルで世界第20位である。同国の天然ガス輸出のほとんどはパイプライン経由であり，ロシア，ノルウェー，米国と同様の輸出パターンであることが図表Ⅶ-7よりわかる。

3 欧州諸国とリビア産エネルギー資源

　これまで筆者は，リビアの原油・天然ガスの動向について説明してきた。次に，これらエネルギー資源を欧州諸国がどのくらい輸入しているのか，について考えてみよう。

図表Ⅶ-8　欧州各国の原油輸入相手国上位5カ国・地域と輸入量（2008年,単位:1000メトリックトン）

イタリア		スペイン		フランス		ドイツ		ギリシャ		英国	
リビア	24,532	旧ソ連	9,950	旧ソ連	23,331	旧ソ連	44,276	旧ソ連	7,923	ノルウェー	32,610
旧ソ連	21,103	メキシコ	7,710	ノルウェー	12,670	ノルウェー	16,006	イラン	5,481	旧ソ連	5,514
イラク	8,869	イラン	6,803	サウジアラビア	7,499	英国	14,138	リビア	2,839	ナイジェリア	2,243
イラン	7,991	サウジアラビア	6,397	リビア	6,822	リビア	10,434	サウジアラビア	2,663	リビア	2,131
サウジアラビア	7,839	リビア	5,957	アンゴラ	5,661	アルジェリア	3,076	ナイジェリア	134	アンゴラ	1,894
総輸入量	82,432	総輸入量	58,508	総輸入量	82,721	総輸入量	105,365	総輸入量	19,286	総輸入量	51,466

出所：OECD/IEA, *Oil Information*, 2010 with 2009 data, 2010, pp.Ⅲ, 192, 207, 222, 280, 443, 503
　　　（原出所はAnnual Oil Statistics）．

（1）リビアからの原油輸入

　図表Ⅶ-8は欧州各国からみた原油の輸入相手国の上位5カ国・地域とそれぞれの国からの08年の原油輸入量を示したものである。欧州の主要国やその他の国々がどの程度，リビア産原油に依存しているかがわかる。リビアのかつての宗主国であるイタリアは，原油総輸入量の約8,240万メトリックトンのうち，リビアからの輸入量は約2,450万メトリックトンで最も多い。ギリシャのそれは第3位，フランス，ドイツ，英国のそれは第4位である。図表Ⅶ-8より，リビアからの原油輸入依存度（当該国のリビアからの原油輸入量／当該国の原油総輸入量）を計算すれば，イタリア，ギリシャ，スペイン，ドイツ，フランス，英国がそ

れぞれ約29.8％，約14.7％，約10.2％，約9.9％，約8.2％，約4.1％となる。

したがって，原油をリビアから輸入している欧州諸国では，イタリアが最も輸入量が多くまた依存度も高い。イタリアに次いで依存度が高いのはギリシャである。スペイン，ドイツ，フランスは原油輸入量の8〜10％程度をリビアに依存している。

(2) リビアからの天然ガス輸入

前掲図表Ⅶ-6で示されている09年のリビアの天然ガス輸出量の輸出相手国は，パイプライン経由でイタリア，LNGでスペインだけである[10]。では，輸入国であるイタリア，スペインからみればリビアは輸入相手国としてどのくらいの比率であろうか。

まず，第1にイタリアである。同国の09年における天然ガスの総輸入量は693億1,000万立方メートルであるが，このうちパイプライン経由での輸入量は664億1,000万立方メートルである[11]。したがって，パイプラインによる天然ガス輸入のうちリビアの占める比率は，前掲図表Ⅶ-7のリビアの輸出量（イタリアの輸入量）を用いて計算すれば約13.8％となる。イタリアのパイプライン経由でのガス輸入が多いのは，アルジェリアとロシアで両国とも210億立方メートル程度である[12]。

第2にスペインである。この国の09年の天然ガス総輸入量は360億立方メートルであるが，このうちLNG輸入量が270億1,000万立方メートルである[13]。このLNG輸入量に占めるリビアの比率は，イタリアと同様に前掲図表Ⅶ-7のリビアの輸出量（スペインの輸入量）を用いて計算すれば約2.7％である。スペインがLNGを最も多く輸入しているのは，09年でアルジェリアであるが，アルジェリア，ナイジェリア，カタールが50億立方メートル程度でほぼ並んでいる[14]。

したがって，天然ガス貿易では，リビアからの輸出はパイプラインであれLNGであれ1カ国だけであるが，輸入国側からみればパイプライ

Ⅶ　リビアにおけるエネルギー資源の動向と欧州諸国

ン経由のイタリアであれ，LNGのスペインであれ，それほど大きく依存しているわけではないことがわかる。同じ北アフリカにあるリビアの隣国であるアルジェリアに，両国がより大きく依存しているのとは対照的である。

4 リビアの政情不安と原油の動向

　「MENA」地域は，いま，世界中の人々に注目されている。リビアの西隣の国であるチュニジアで始まった民主化運動は，2011年の1月に同国のベンアリ大統領の辞任，翌2月にエジプトのムバラク大統領の辞任など，長期独裁政権を崩壊させた。また，こうした動きはイエメン，シリア，バーレーン，リビアにも及び，各国指導者を窮地に追い込んでいる。

　以下で，このような民主化を巡る「MENA」諸国のなかで，リビアの動向についてみていこう。2月15日にベンガジにおいてデモが起こり[15]，その後同月20日には首都のトリポリでもデモが発生した[16]。その後，本章の脱稿時点で，リビアのカダフィ政権は反体制派勢力との間で内戦状態に陥っており，一進一退をくり返しながら予断を許さない状況である。3月中旬には，国連の安全保障理事会で同国への武力行使を容認することが決議された[17]。多国籍軍は反体制派を支援しながら，この国への関与を続けている。ただ，米国は，リビアへの関与に積極的ではないように思われる。

　このような動向は，本章の脱稿以降，変化していくかもしれないが，それについては当然言及することはできない。この節では，以下でリビアにおける2011年の年初の数カ月間に限定して，この間にこの国の原油に関する動向の変化や他の産油国，とくにサウジアラビアの対応に言及

143

しておこう。

　最も大きな変化は，リビアの内戦状態にともなう原油の減産であろう。国際エネルギー機関（IEA）によれば，2011年1月時点で，この国の原油生産量は日量158万バレルであったが，その後，同年2月および3月には日量でそれぞれ139万バレル，45万バレルとなっている[18]。つまり，3月の生産量は2月の1/3程度に急減したのである。

　リビアにおけるこのような原油生産量の急減は，その輸出量を減らして同国原油に依存している欧州諸国に「供給不安」を引き起こした。現在，国際石油市場には米WTI（ウエスト・テキサス・インターメディエイト），北海ブレント，ドバイ・オマーンの北米・欧州・アジア各市場における指標原油があるが，これらのうち特に，北海ブレントの先物価格を引き上げていった。その1バレル当たりの価格は，2011年1月に月間平均で96.91ドルであったが，同年2月，3月にはそれぞれ月間平均で104.03ドル，114.67ドルと高騰している[19]。

　このような原油価格上昇や原油の「供給不安」への懸念に対して，リビアと同じOPECに加盟しているいくつかの産油国は，対策を打ち出した。原油価格の安定を石油政策の基本とし，OPECのなかでも特に多くの生産余力を有しているサウジアラビアは，原油生産量を増産した。「アラブ・ニュース」によれば，同国はリビアの輸出動向への対応として，日量生産量をおよそ8％増の900万バレル超にした[20]。IEAによれば，サウジアラビアの「生産余力」は2011年3月時点で日量320万バレルとされており[21]，これを用いて増産を行おうとしたのである。また，当初はリビア産原油とサウジ産原油は完全な代替財ではなかったが，その後，国営石油会社のサウジアラムコ側の努力で，その品質の差はより小さくなっているもようである[22]。

　また，「フィナンシャル・タイムズ」によれば，クウェート，UAE，ナイジェリアも，原油の増産を表明している[23]。

5 今後の展望

これまでリビアの石油・天然ガス情勢を中心に議論してきた。そこで明らかになったことは、この国のエネルギー資源に欧州諸国の多くの国が依存してきたことや、この産油国でのカダフィ政権と反政府勢力との内戦が欧州市場の指標原油である北海ブレント先物価格を引き上げてきたことなどである。

「国民評議会」をいち早くリビアの代表として承認したフランスを筆頭に、一部の欧州諸国はリビアの内戦に積極的に関与し、反政府勢力や「国民評議会」を支援している。その背景にあるのは、この国の石油・天然ガスに対する関心であり、それらへの権益であろう。この国で現在進行中の内戦は一進一退状態にあり、本章の脱稿時点での見通しは不透明である。ただし、この国の政治体制に関して、今後カダフィ政権の崩壊をもたらし、「国民評議会」が受け皿となって新たな体制になるのか、それとも現体制が存続するのかを考えれば、恐らく前者になる可能性が高いであろう。

いずれにしても、リビアの石油・天然ガス資源は地理的に近い欧州諸国にとって非常に魅力的なものである。BP統計によれば、リビア産原油を輸入しているイタリア、スペイン、フランス、ドイツ、ギリシャ、英国各国の一次エネルギーに占める石油の比率は2009年にそれぞれ約46.0％、約55.0％、約36.2％、約39.3％、約61.8％、約37.4％である[24]。また、リビアから天然ガスを輸入しているイタリア、スペインの1次エネルギーにおける天然ガスの比率は2009年でそれぞれ約39.5％、約23.5％である[25]。これらの数字が示していることは、1次エネルギーのなかで、イタリア、スペインにおいて8割前後を石油・天然ガスが占めていることであり、ギリシャが石油に60％以上を依存し、フランス、ド

イツ,英国が30%台を石油に依存していることである[26]。

このように欧州諸国における1次エネルギーに占める石油・天然ガスの存在感が大きいなかで,これら国々にとってそれらの輸入でリビアは重要な輸入相手国である。他方,リビアにおいては今後2030年に石油,天然ガスの生産量が増大し,また純輸出量も増大することが見込まれている[27]。2011年の政情不安で,この見込みは下方修正されるかもしれないが,リビア産石油や天然ガスの輸出相手国としての欧州,およびそれらの輸入相手国としてのリビアの位置づけは,現在と同様に今後も重要なものとなっていくであろう。

注

（1） BP, *BP Statistical Review of World Energy*, June 2010, p.6.
（2） Munaẓẓama al-Aqṭāri al-'Arabīya al-Muṣdira Lilbatrūli, *Tanmiya Mawāridi al-Ghāzi al-Ṭabīyī fī al-Duwali al-'Arabīya*(『アラブ諸国における天然ガス資源の開発』), Munaẓẓama al-Aqṭāri al-'Arabīya al-Muṣdira Lilbatrūli, 2009, p.142: http://www.oapecorg.org/publications/Studies/Arab%20Gas%20Study.pdf.
（3） BP, *op. cit.*, 2010, p.6.
（4） *Ibid.*
（5） *Ibid.*, p.22.
（6） *Ibid.*
（7） BP, *BP Statistical Review of World Energy*, June 2001, p.28; 2002, p28; 2003, p.28; 2004, p28; 2005, p.28; 2006, p.30; 2007, p30; 2008, p.30; 2009, p30; 2010,p.30.
（8） Anthony, H., Cordesman, and Khalid, R. Al-Rodhan, *The Changing Dynamics of Energy in the Middle East*, Prager Security International, 2006, p.342によれば,隣国のアルジェリアに次ぐ世界で2番目に古い輸出国として,1971年にリビアはLNGを輸出した。
（9） U. S. Energy Information Administraion, *Country Analysis Briefs:Libya*, February 2011（http://www.eia.gov/EMEU/cabs/Libya/pdf.pdf）.
（10） BP, *op. cit.*, 2010, p.30.
（11） *Ibid.*
（12） *Ibid.*
（13） *Ibid.*
（14） *Ibid.*

(15) 『日本経済新聞』2011年2月17日朝刊, 2011年4月30日朝刊。
(16) 『日本経済新聞』2011年2月21日夕刊, 2011年4月30日朝刊。
(17) 『日本経済新聞』2011年4月30日朝刊。
(18) OECD/IEA, "*Oil Market Report*", April 12, 2011, p.19 (http://omrpublic.iea.org/omrarchive/12apr11full.pdf).
(19) *Ibid.*, p.38.
(20) "Kingdom raises oil output amid Libyan crisis.", *Arab News*, February 26, 2011 (http://arabnews.com/economy/article285525.ece).
(21) OECD/IEA, *op. cit.*, 2011, p.19.
(22) OECD/IEA, "*Oil Market Report*", March 15, 2011, p.23 (http://omrpublic.iea.org/omrarchive/15mar11full.pdf).
(23) Javier Blas, "Opec members rush to raise oil output", *Financial Times* (電子版), March 7, 2011 (http:www.ft.com/cms/s/0/bdce4022-48d7-11e0-9739-00144feab49a, html#axzz1UKXZBbag).
(24) BP, *op. cit.*, 2010, p.41より筆者計算。
(25) BP, *op. cit.*, 2010, p.41より筆者計算。
(26) BP, *op. cit.*, 2010, p.41によれば, フランスの場合は一次エネルギーのなかで石油よりも原子力の割合が高い。また, 同資料によれば, 原子力の一次エネルギーに占める同国の比率は約38.4％で燃料別で最大である。
(27) IEAのレファレンス・シナリオのもとで, リビアの2030年の石油生産量, 純輸出量はそれぞれ日量で, 310万バレル, 250万バレルと見込まれている。また同年の天然ガス生産量, 純輸出量はそれぞれ570億立方メートル, 340億立方メートルと見込まれている (OECD/IEA, *World Energy Outlook 2005:Middle East and North Africa Insights*, 2005, p.604)。

参考文献

〈外国語文献〉

BP, *BP Statistical Review of World Energy*, various editions (http://www.bp.com/).

Cordesman, Anthony H., *Energy Developments in the Middle East*, Praeger, 2004.

Cordesman, Anthony, H., and Khalid, R., Al-Rodhan, *The Changing Dynamics of Energy in the Middle East*, Prager Security International, 2006.

Fattouh, Bassam and Jonathan, P., Stern, *Natural Gas Markets in the Middle East and North Africa*, Oxford University Press for the Oxford Institute for Energy Studies, 2011.

IMF, *International Financial Statistics Yearbook 2010*, 2010.

OAPEC, *Annual Statistical Report*, various editions (http://www.oapecorg.org/).
OAPEC (Munaẓẓama al-Aqṭāri al-ʻArabīya al-Muṣdira Lilbatrūli), *Tanmiya Mawāridi al-Ghāzi al-Ṭabīyī fī al-Duwali al-ʻArabīya* (『アラブ諸国における天然ガス資源の開発』), Munaẓẓama al-Aqṭāri al-ʻArabīya al-Muṣdira Lilbatrūli, 2009 (http://www.oapecorg.org/publications/Studies/Arab%20Gas%20Study.pdf).
OECD/IEA, *Energy Statistics of Non-OECD Countries*, various editions.
OECD/IEA, *Energy Balances of OECD Countries*, various editions.
OECD/IEA, *Oil Information*, various editions, OECD/IEA.
OECD/IEA, "*Oil Market Report*", various editions (http://omrpublic.iea.org/).
OECD/IEA, *World Energy Outlook 2005: Middle East and North Africa Insights*, 2005.
OECD/IEA, *World Energy Outlook 2009*, OECD/IEA, 2009.
OECD/IEA, "Facts on Libya: oil and gas (IEA 21 February 2011)", (http://www.iea.org/files/facts_libya.pdf).
OPEC, *Annual Statistical Bulletin*, various editions (http://www.opec.org/).
Otman , Waniss and Erling, Karlberg, *The Libyan Economy:Economic Diversification and International Repositioning*, Springer, 2007.
StJohn, Ronald Bruce, *Libya: From Colony to Independence*, One World, 2008.
UNDP, *Human Development Report, various editions*, Palgrave Macmillan.
UNDP, Regional Bureau for Arab States, *Arab Human Development Report 2009*, UNDP, 2009.
U.S.Energy Information Administraion, *Country Analysis Briefs:Libya*, February. 2011 (http://www.eia.gov/EMEU/cabs/Libya/pdf.pdf).
World Energy Council, *2007 Survey of Energy Resources*, 2007 (http://www.worldenergy.org/documents/ser2007_final_online_version_1.pdf).

〈日本語文献〉
石田聖「中東地域の天然ガス（上）―今後の生産，消費，輸出の展望―」『石油・天然ガスレビュー』JOGMEC, Vol.43 No.6, 2009年（http://oilgas-info.jogmec.go.jp/pdf/3/3459/200911_021a.pdf）。
塩尻和子『リビアを知るための60章』明石書店，2006年。
中津孝司編『中東問題の盲点を突く』創成社，2011年。

〈新聞・雑誌等〉
Al Arabiya:http://english.alarabiya.net/（various days）.
Arab News:http://arabnews.com/（various days）.
ArabianBusiness.com:http://www.arabianbusiness.com/（various days）.
Emirates 24|7:http://www.emirates247.com/（various days）.
Gulf News:http://gulfnews.com/（various days）.
Middle East Economic Digest（MEED）（various weeks）.
Middle East Economic Survey（MEES）（various weeks）.
Oil and Gas Journal（various weeks）.
Reuters:http://www.reuters.com/（various days）.
『日本経済新聞』各日号。

VIII

中東の革命と新戦争

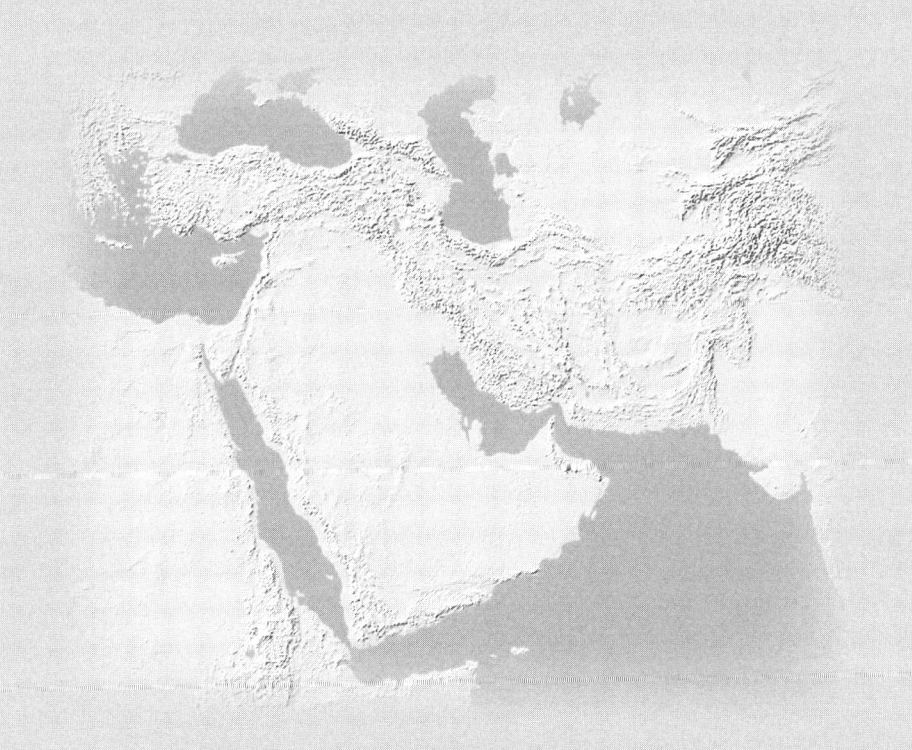

1 カリスマなき民主革命後の混沌

　独裁体制の目的は何か。治安維持か，あるいは独裁者の延命か。親欧米の独裁は黙認される一方，嫌欧米のそれは国際社会から非難されてきた。チュニジアで端を発した政変劇はエジプト，リビアといった北アフリカ地域からイエメン，バーレーン，シリアといったアラビア半島地域にまで拡大した。それを観察すると，親欧米と目されてきたチュニジア，エジプト，イエメン，バーレーン，それに嫌欧米と色分けされてきたリビアとシリアに大別できる。

　前者は経済制裁を免れたが，後者は経済制裁を科された。と同時に，東西内戦の様相を呈したリビアは北大西洋条約機構（NATO）による空爆を受けた。また，当局が背水の陣を敷いた後者では，徹底的弾圧による流血の惨事へと情勢が悪化した。程度の差こそあれ，中東世界では独裁者が罷り通ってきた。たとえ独裁政権であっても，親欧米でイスラム原理主義勢力を封じ込めていれば，独裁が黙認されてきた。このようなダブル・スタンダード（二重基準）が今後，通用しなくなる。これはペルシャ湾岸諸国の王家も例外ではない。

　だが，民主革命後，直ちに安定と繁栄を享受できた国は1つもない。卓越した革命指導者が欠如していたために，民衆蜂起は一時的なユーフォリア（陶酔感）に支えられていただけに過ぎず，予想されていたとはいえ，新たな政権樹立には時間とコストとが要請された。中東社会は部族社会。部族の集団に過ぎない国家は砂鉄社会である。まとめるには強力な磁石が必要だ。磁石の役割を時の英雄であったカリスマ的独裁者が演じてきた。独裁者は追放できたが，それに代わる磁石が不在。民主主義を支える民主化装置（制度）が磁石の役割を担うことになるのだが，民主化装置が定着し，かつ機能することはきわめて難しい。この困難な

Ⅷ　中東の革命と新戦争

課題に中東世界全体が直面している。ゆえに，社会情勢が混沌化する。

　今回の中東革命は歴史的な民主化革命かもしれない。しかし，1989年のベルリンの壁崩壊やそれにともなう東欧革命とは異なり，イデオロギー色が非常に薄い。イスラム世界共通の敵は本質的にはイスラエルと米国。その緩衝材となったのがエジプトのムバラク政権だった。東欧革命の際には共通の敵は共産主義・社会主義。敵の存在が明確だった。だが，イスラエルと米国とを本音で敵視するのは独裁者も民衆も同じ。独裁者と民衆の共通の敵はイスラエルとホワイトハウスである。蜂起した民衆の真の敵が独裁者なのか，あるいはイスラエルやワシントンなのか，釈然としない。

　それに中東には民主化の受け皿もない。ネットが民主化革命で大活躍したとはいえ，ネットは所詮ネット，指導者にはなれない。革命には有能な指導者が不可欠なのである。中東世界では程度の差こそあれ，独裁者とその同族が要職や利権を私物化している。親欧米であれ，嫌欧米であれ，その悪しき体質に変わりはない。民衆の怒りの矛先はここに向けられた。問題は独裁者を追放したその先にある。独裁者追放が共通目的であったとするならば，目的はすでに達成されたことになる。独裁者追放後，その人物に代わる指導者，あるいは民主的な制度が必要だ。欧米流の民主主義は失敗する可能性が高い。イラクやアフガニスタンの情勢をみれば明らかだ。欧州列強による植民地支配の歴史が障害となっている側面もある。

　イスラム（アラブ）世界で受け入れ可能な傑出した指導者が現れるのか，あるいはイスラム（アラブ）社会に即した民主化装置が発明されるのか。また，権益を死守しようとする欧州諸国にどのように対処するのか。いずれにせよ，独裁者を追放した国家群ではイスラム原理主義勢力（政党）が台頭してくる[1]。その勢力が世俗主義を国是とするかどうか。これはシャリア（イスラム法）の取り扱いと同義である。少数民族や少

数派宗教の信者はどのような立場に追い込まれるのだろうか。迫害され，国を追われるのか。

　民主化勢力は今後，イスラム派と世俗派とに分裂し，対立を深めていくだろう。この対立の間隙を突いて，国際テロ組織アルカイダを代表とするテロ組織が潜伏し，テロの温床となる危険性が浮上する。軍部が台頭してくる可能性も十二分にある。武力やテロではなく，民衆蜂起で独裁者は追放された。だが，今後，いかなる政権が成立するかはまったくの未知数。テロリストの手に核が流出する懸念は一向に払拭できていない。原子力発電所の建設計画が延期，あるいは中止される可能性もある。

　この意味で中東の民主化革命はこれからが本番を迎える。中長期的には成長が期待できるとしても，外資系企業が新規投資を手控えることで，北アフリカ・中東地域経済は当面，不安定な状況が続くだろう。と同時に，同地域の情勢が国際社会全体に影響を及ぼすことは指摘するまでもない。

　エジプトは財政赤字を補填すべく，国際通貨基金（IMF）に40億ドルの資金援助を要請した。民衆蜂起後，財政収入が激減し（観光収入，輸出，外国送金が激減すると同時に，600万人の労働者を吸収する政府部門の賃上げや補助金による歳出増加），2012年6月末までに120億ドルが不足すると試算されているからである。財政赤字はエジプトの国内総生産（GDP）の9-10％に匹敵する規模だ[2]。

　一方，チュニジアも同国GDPの7％を占める観光収入が激減したことから政府歳入不足に陥ることが予想される。ただ，チュニジアはIMFではなく，主要8カ国（G8）に今後4年間で20億ドルの経済支援を要請している。IMFの融資条件が厳しいからだろう。支援金はインフラ整備や教育分野に充当される予定だ[3]。

　加えて，欧米諸国を筆頭に北アフリカ・中東地域でエネルギー資源やインフラ整備案件で権益を確保しようとする動きも顕著となるだろう。

Ⅷ　中東の革命と新戦争

当事者それぞれの思惑が先行し，北アフリカ・中東地域には複雑な方程式が地平線上に浮かび上がってくる。

2 ペルシャ湾岸産油国に革命の嵐が飛び火するか

　歴史にイフ（仮定）は禁物である。だが，近未来のイフであるならば許されるだろう。民衆蜂起がアラビア半島の一角を占めるバーレーンとイエメンに飛び火したものの，石油輸出国機構（OPEC）の盟主であるサウジアラビアやクウェートといった湾岸協力会議（GCC）に加盟するペルシャ湾岸の有力産油国には飛び火していない。アラブ首長国連邦（UAE）やカタール，それにオマーンも無傷でいる。ペルシャ湾岸産油国の共通の脅威・仮想敵国はイランの核。イランからの防衛は王室と民衆の共通目的となっている。ペルシャ湾岸産油国にとって米軍は不可欠の存在。米軍の存在がイランを牽制している。

　とはいえ，ペルシャ湾岸産油国でも王族を頂点とする支配層が独裁体制を堅持。要職と利権を分け合っている構造にいささかの違いもない。王族はオイルマネーで巨万の富を手中に収めてきた。確かにその一部は国民にも分配されてはいるけれども，人口爆発にともなう多子若年化が失業問題を生み出している。新産業を創出して，脱石油社会の確立を急ぐべきであるにもかかわらず，相も変わらず，オイルマネー依存症候群はまったく治癒されていない。国民の不満はこの一点に尽きる。産油国の王族は溜め込んだオイルマネーを一気に吐き出し，教育・訓練と新産業育成に充当すべきだろう。

　幸い，1バレル100ドルを超える世界的な原油高で産油国には再び潤沢なオイルマネーが舞い込むようになった。サウジアラビアは民衆によるデモの懐柔策として総額1,300億ドルに及ぶ緊急経済対策を打ち出した。

雇用創出や住宅整備に充当される。IMFはサウジアラビアの2011年経済成長率見通しを3％ポイント上方修正して7.5％とした[4]。サウジアラビアをはじめ，UAEのドバイやカタールにも投資家の資金や観光客が流入している。IMFはサウジアラビアと同様に，カタールの経済成長率見通しを18％から20％に引き上げている。

とはいえ，順風満帆なわけではない。何よりもペルシャ湾岸産油国の支配王家が中東民主化ドミノを警戒する。なかでもサウジアラビアで民衆蜂起が顕在化すれば，周辺産油国全体を巻き込んでしまう。サウジアラビアの特徴を形容する言葉には事欠かない。OPECの盟主，世界最大級の産油国，イスラム教の聖地メッカを抱える国…。サウジアラビアが混乱すれば，中東地域のみならず全世界に多大な悪影響を及ぼす。もしもサウジアラビア王室が民衆蜂起で空中分解すればどうなるのか。これが第1のイフである。

サウジアラビア当局も他の中東諸国と同様に人口爆発に頭を痛める。1950年に320万人に過ぎなかった人口は2010年にはその8倍に相当する2,600万人に大膨張。そのうち30歳以下の若年層が7割を占める。今後10年間で470万人が労働市場に流入するという[5]。労働市場には外国人労働者も流れ込むことを忘れてはいけない。中東諸国は外国人依存体質から脱却できていない。サウジアラビアでは失業率が10％を超え，殊に30歳以下のそれは27％に達する。民衆蜂起で政権が転覆した中東諸国と同じ雇用状況だ。一般大衆が現状に満足できるわけはない。サウジアラビア政府は民間企業にサウジ人の雇用を義務づけようと圧力を掛けているけれども[6]，そもそも最高指導者こそ姿勢を正すべきだろう。

サウド王家は真剣に政治経済改革に取り組むのか。政治経済改革とは一般国民に政治参加の道を開き，国営企業の民営化を推進していくことを意味する。抵抗勢力を封じ込めて，改革を実現できるか。また，その改革で国民は納得するか。サウジアラビアだけでなく中東産油国が抱え

Ⅷ　中東の革命と新戦争

る問題である。

　オイルマネーが国民に還元できていたとしても，ロイヤル・ファミリーと一般市民との経済水準格差は歴然としている。王制打倒を錦の御旗として民衆が立ち上がる可能性はゼロではない。サウジアラビアの産油能力は日量1,250万バレルで世界最大。OPEC全体の原油生産量を調整できる産油国はサウジアラビア以外に見当たらない。仮にこのサウジアラビアで原油生産が一時的であれ停止すれば，その影響は計り知れない。原油価格の史上最高値は1バレル150ドル。だが，市場関係者が動揺することで原油価格は1バレル200ドルに向けて突進するだろう。

　先進国では石油消費量が徐々に低下しているけれども，新興国では上昇傾向にある。リーマン・ショック後，原油価格は急落したが，株式市場が上昇に転じるのと歩調をあわせて，原油価格も趨勢として右肩上がりとなった。リビア情勢の悪化が原油価格の上昇圧力となったが，その主要輸出市場は欧州に限定されている。しかし，サウジアラビアの場合，輸出市場はグローバルに広がる。また，サウジアラビア政府は積極的に世界の主力企業に投資し，あわせて米国債の中心的な買い手であった。サウジアラビア通貨庁（SAMA）の2011年1月末現在の外国純資産総額は1兆6,680億リヤル（36兆5,000億円）に達する[7]。見返りとして米軍がサウジアラビア防衛に協力してきた。サウジアラビアの民衆蜂起はこのような構図を一気に崩す危険性を秘めている。この意味でもサウジアラビアの混乱は世界全体に悪影響を及ぼす。

　旭化成の子会社である旭化成ケミカルと総合商社の三井物産がサウジアラビア基礎産業公社（SABIC）と折半出資で合弁企業を設立し，高機能樹脂原料（合成樹脂原料・アクリロニトリル）の生産工場（年産20万トン）をペルシャ湾沿岸のアルジュベールに建設する計画がある。日系企業側が400億円を投じ，2014-15年の稼動を目指す[8]。

　一方，三菱ガス化学と双日はサウジアラビアの財閥系石油化学大手サ

ハラ・ペトロケミカルと合弁による塗料原料の生産を検討している(9)。ここでは溶剤の不要な粉体塗料の主要な原料となるアルコール系の有機化学品・ネオペンチルグリコール（NPG）が生産される計画だ。家電製品やOA機器分野でNPGの使用量が増えているという。この需要増に応答する試みだ。日系企業側が100億円を投資し，2014年から工場が稼動する予定となっている。

　このような案件が成立するのはサウジアラビア現地で生産される天然ガスや石油随伴ガスを調達するコストが低いからである。低コストで原料を調達，生産，輸出できることが利点となる。経済的にメリットがある以上，日系企業のサウジアラビア進出は大歓迎されなければならない。ただし，この大前提条件はサウド王家が安泰であること。政権が揺らげば，重要な前提条件が総崩れとなる。

　サウド王家はサウジアラビア唯一の政治装置。絶対君主制が貫徹されている。これを正統化するための手段がワッハーブ派の法学者組織（ウラマー）。双方による，いわば同盟関係がサウジアラビアの政権維持を保証してきた(10)。であるがゆえに，サウジアラビアでは敬虔なイスラム教スンニ派の信者であることが全国民に義務づけられる。国民は厳格な宗教生活を営まなければならない。結果，サウジアラビア社会は前近代的なのだ。

　21世紀で近代的な生活を希求する普通の若者が，このような前近代的制度に反旗を翻しても決して不思議ではない。現段階では蜂起する勇気がないとしても，何かが契機となって一般国民が政権に刃を向けることは十二分に想定できる。サウジアラビアの国軍や治安機関はこの民衆蜂起を武力で制圧するだろう。バーレーンでの手法をみれば明らかだ。だが，万が一，制圧に失敗した場合，国軍と治安機関とがサウド王家に刃を向けるかもしれない。軍事クーデターである。サウジアラビアでは政党の創設は禁じられている。王家以外の政治的な組織は軍部しかない。

Ⅷ　中東の革命と新戦争

　北アフリカ・中東地域で民衆蜂起が拡大する中，サウジアラビアのみがその例外であり続ける条件は一切ない。仮にサウド王家が亡命した場合，王室の混乱はGCC加盟諸国全体に拡散する。こうした事態を回避しようと，ペルシャ湾岸産油国は大盤振る舞いして大衆迎合主義に傾斜している。食料品や燃料に手厚い補助金を供出する。歳出拡大を支えるのはオイルマネー。原油価格は高いほうが望ましい。ただし，原油資源に恵まれないバーレーンやチュニジアなどはオイルマネーに頼れない。産油国でも原油価格が下がれば，たちどころに政府の台所を直撃。財政赤字に転落する。

　燃料価格の上昇を国内価格に転嫁することを回避するには，補助金を付与するしか方策はない。産油国ではこの補助金がオイルマネーの国民向け還元となる。このような補助金を世界全体で積算すると09年実績で3,420億ドルに及ぶ。同じ年に新エネルギー産業向けに供与された補助金は570億ドル。燃料向けの補助金が破格であることが如実にわかるだろう。

　こうした補助金は対GDP比でサウジアラビアでは10％，イランでは20％，エジプトでも10％弱に達する。原油純輸出国のサウジアラビアやイランはともかくも，そうでないエジプトには相当程度の負担であることは明白だ。

　他方，原油の世界需要を満たすためには年間600億ドルの投資が石油産業部門に求められる。いずれにせよ，石油は高価な資源なのだ。

　サウジアラビアではガソリン１リットルが僅か12セントで販売されている[11]。サウジアラビア政府が手厚い補助金を拠出している結果だ。ガソリンだけではない。サウジアラビアでは飲料水向けとして760億サウジ・リヤル（SR，200億ドル），電力向けとして500億SRがそれぞれ補助されている。確かにサウジアラビアは世界屈指の石油王国。だが一方で，人口増大が原因でエネルギー消費量も急増。原油消費量は日量320

159

万バレルに上る。2028年を迎えると，同800万バレルに達すると予測される。この消費量は現在の産油量にほぼ匹敵。産油量に変化がなければ，石油王国が石油を輸出できない勘定となる。

　そこで，サウジアラビア政府は原子力発電所や太陽光・太陽熱発電で電力の国内需要を賄い，貴重な原油資源をできるだけ多く輸出したい。そうでないと，財政を維持できない。サウド王家は崩壊の危機に晒される憂き目に遭う。

　サウジアラビアの隣国クウェートでは政府歳入の95％を石油産業部門に依存する(12)。クウェートの原油埋蔵量は1,015億バレル，世界全体の7.6％を占める。その産油量は2011年2月実績で日量238万バレル。イラクやアラブ首長国連邦（UAE）とほぼ同じ規模だ。2020年までに産油量を日量400万バレルに拡充する計画が立てられている。クウェートの石油産業を牛耳るのがクウェート石油公社（KPC）。サウジアラビアと同様に石油産業は民間や外資に開放されていない。

　クウェートにとっての外敵，あるいは脅威はイランとイラク。ただ，サウジアラビアと異なって，クウェートでは少数派のイスラム教シーア派が政治参加している。また，人口280万人のうち，外国人が3分の2を占有する社会構造となっている。それでも，シーア派による反乱が最大の脅威であることにいささかの変化もない。一般国民の政治参加を促し，経済の自由化を通じて民間に開放しなければクウェート王室も安泰ではいられない。脱石油の道を模索する必要もある。バーレーンやUAEのドバイのように金融立国化を標榜する術もある。だが，政権中枢は変化をおそれる。豊かさに慣れ過ぎてしまった。荒療治でしか社会を変革できないのかもしれない。

　図表Ⅷ-1をみれば一目瞭然のように，人類の貴重な原油資源はUAE，クウェート，イラク，イラン，サウジアラビア，すなわちペルシャ湾岸産油国に集中する。それゆえに，原油を積んだ大型石油タンカ

Ⅷ 中東の革命と新戦争

図表Ⅷ-1 中東・北アフリカ産油国の原油埋蔵量(単位:億バレル)

バーレーン	チュニジア	シリア	イエメン	エジプト	オマーン	アルジェリア	カタール
1	4	25	30	37	55	122	254

リビア	アラブ首長国連邦(UAE)	クウェート	イラク	イラン	サウジアラビア
443	980	1,015	1,150	1,380	2,620

出所:Financial Times, March 30, 2011.

図表Ⅷ-2 中東・北アフリカ産油国の原油生産量(単位:日量100万バレル、2010年実績)

アルジェリア	チュニジア	リビア	エジプト	シリア	イラク	クウェート	イラン	カタール
2.1	0.1	1.8	0.7	0.4	2.4	2.5	4.3	1.4

アラブ首長国連邦(UAE)	オマーン	バーレーン	イエメン	サウジアラビア
2.8	0.9	0.1	0.3	10.1

出所:図表Ⅷ-1と同じ。

ーがペルシャ湾とその周辺の海上を航行する。その代表選手がホルムズ海峡。ホルムズ海峡を通過する石油は日量1,550万バレルと際立って多い。それだけではない。イエメン沖合から紅海の入り口を扼するバブ・エル・マンデブ付近を日量320万バレルの原油が通過する。エジプトが管理するスエズ運河も同様だ。日量180万バレルの石油がスエズ運河を通り抜ける[13]。

このように、アラビア半島周辺地域は地球上の石油地帯であると同時に、その石油が運搬される世界屈指の戦略的重要拠点なのである。この地域が戦火に見舞われたらどうなるのかを想像するだけでも背筋が凍りつく。だが、想定外の有事ではない。産油国での民衆蜂起に加えて、イスラエルがイランを空爆する可能性を今もって否定できない[14]。これが第2のイフである。そして、第3のイフ。イランから、あるいはイランからシリア、ハマス、ヒズボラ経由でテロリストに核が流出すれば、

いかなる脅威に曝されるか。こうした仮定が一度に多発すればどのような事態に陥るか。

　大統領選を目前に控えたホワイトハウスがここに積極的に介入する英断を下すか。米国にはもはや中東の混乱を抑制できる能力的余地はない。あわせて，米国は中東動乱後のシナリオを持ち合わせていない。それでも，米国の中東産原油依存度は日本に比べると遥かに低い。それゆえに，中東騒乱の悪影響は日本に比べると遥かに軽微だ。東日本大震災の場合とは異なり，日本のために中東情勢に介入することは有り得ない。アラビア半島は21世紀でもなお，世界の火薬庫である。これこそが中東の新たな戦争に他ならない。

3　ウサマ・ビンラディン殺害と中東新戦争

　長い歳月の末，ようやくワシントンは悲願のお尋ね者を射止めた。その名はウサマ・ビンラディン。国際テロ組織アルカイダの御大将である。真相は不明だが，ビンラディンが首謀者となり，アルカイダの分子が数々のテロ事件を引き起こしてきたとされる。このビンラディンを米軍特殊部隊が殺害した。ビンラディンは54歳でこの世を去った。

　世に言うジェロニモ作戦（Operation Geronimo，ジェロニモは先住民族アパッチ族の戦士の名前）である[15]。ビンラディンはパキスタンの首都イスラマバードから50キロメートルに位置するアボタバードに潜んでいた。ビンラディン殺害のニュースが飛び込んできた瞬間，ホワイトハウスをはじめ全米が歓喜の声に包まれた。米国本土を標的とするテロの脅威は一時的に軽減されるだろう。

　とはいえ，テロとの戦いが終戦を迎えたわけではない。これまで米国はテロとの戦いには01年9月11日以降，すでに2兆ドルもの大金を費や

VIII　中東の革命と新戦争

してきた。イラクには8,060億ドル，アフガニスタンにも4,430億ドルの戦費が充当されている(16)。米国本土でも安全保障に6,900億ドルが投入。米国の納税者が負担を強いられてきた。ビンラディン殺害で戦争に終止符が打たれたわけではない。オバマ大統領の支持率は上がったが，テロとの戦いはこれからも続く。

　また，ビンラディンが潜伏していた隠れ家はアルカイダの活動拠点ではない。それはすでにサイバー空間に移動している。テロリストは世界中に拡散する。何よりも報復テロの危険性が高まった。早速，パキスタン北西部カイバル・パクトゥンクワ州のチャルリダ地区で2011年5月13日，治安部隊の訓練学校を標的とする爆弾テロが相次いで2件発生，73人が殺害された。07年に組織された反政府勢力・パキスタンのタリバン運動（TTP）が犯行声明を発表している。TTPはさらなるテロ攻撃を予告しているという(17)。パキスタンには反米過激派が活動していることに加えて，軍部にも反米分子が潜む。

　同年5月22日，パキスタンの南部に位置する，最大都市カラチで武装勢力が海軍基地を襲撃，14人が犠牲者となった。このテロの犯行もTTPである。パキスタン軍部内にTTPの協力者がいることは明白。報復テロが連鎖的に拡大する兆候が表出してきた。報復テロの標的はパキスタンと米国だという(18)。

　テロ対策が必要なのは米国の同盟国・日本もその例外ではない。ただ，一方でアルカイダ系のテロリストはイスラム世界で主導的な存在ではない。大多数のイスラム教徒は武力に頼らない民主化を希求している。中東の民衆蜂起をみれば，民主化運動がテロとは無縁であることは明らかだ。

　ビンラディン殺害で国際環境が改善されたわけではない。むしろ関係各国の思惑が交錯し，南アジアから中東に至る地域を中心に国家関係が複雑化してきた。インドはなぜ，核武装に走ったのか。それは先行して

核兵器保有国となった中国に対抗するためであった。だが，長年，国境紛争に翻弄されてきたパキスタンは自国を標的にしたと勘違いした。負けまいとパキスタンも核実験に漕ぎ着けた。敵の敵は味方。パキスタンは北京に擦り寄り，インドを牽制した。一方で，インドはロシアにとって伝統的な友好国。中露対立の影響もあってクレムリン（ロシア大統領府）はインド関係を重要視してきた。きわめて明瞭な国家関係だった。

ところが，テロとの戦いをワシントンが布告して以降，国家関係が変化していく。もともとホワイトハウスは南アジア情勢に無関心だった。米国の国益とは無縁の地域だったからである。しかし，ビンラディンを筆頭とするアルカイダ関係者殲滅作戦を実行するには，潜伏すると推測されていたアフガニスタン・パキスタン国境付近を徹底的に捜索する必要があった。それにはアフガニスタン，パキスタン両政府の協力が不可欠だった。そのためにはアルカイダの連中を匿ってきたアフガニスタンの反政府武装勢力タリバンを駆逐しなければならなかった。ワシントンはカルザイ大統領を擁立し，全面的に支えた。他方，パキスタンには援助を惜しまなかった。09年に30億ドル，2010年には40億ドルを援助した。その半分強が軍事援助である[19]。パキスタン政府は見返りとして米軍に協力した。

ワシントンはアフガニスタンのカルザイ大統領が自国の治安回復とタリバン封じ込めに専念することを期待しつつ，パキスタン政府の協力を得て，ビンラディンをはじめとするアルカイダ系テロリストを掃討しようとした。しかし，思うように事が運ばない。カルザイ大統領一派は堕落する一方，テロリスト掃討作戦も行き詰っていた。情報を収集，分析した結果，どうやらパキスタンの軍統合情報局（ISI: Inter Services Intelligence）がビンラディン一味を匿っている疑惑が浮上する。事実，ISIにはタリバンを水面下で支援してきた実績がある。ビンラディンを匿っていたとしても不思議ではない。激怒したホワイトハウスは極秘裏

にビンラディン討伐を決意する。そして，米特殊部隊が単独でビンラディンを殺害した。ISIは窮地に立たされることになる[20]。

ビンラディン殺害を契機にこの地域を巡る国家関係がさらに迷走することは間違いない。パキスタン政府とアフガニスタン政府はタリバンとの和解を探ることで合意したけれども，米国政府がアフガニスタン撤退を事実上，延期し，タリバン壊滅作戦を強化するか。それとも米国もタリバンとの対話に動くか。タリバンが米国，アフガニスタン両政府の説得に応じて，武装解除に踏み切り，アルカイダとの決別を表明するかが問題の焦点となる。

いずれにせよ，パキスタン，アフガニスタン両国間には不信感が蔓延するだろう。これまで両国が過激派越境を互いに非難し合ってきたからである。当然，米国とパキスタンとの間には亀裂が生じる。ISIのトップは米軍特殊部隊の行動がパキスタンの領土侵犯，主権侵害だと米国を公然と批判した[21]。追い詰められたパキスタン政府は徐々に反米へと傾斜し，北京に支援を求めるようになるだろう。

周知のとおり，インド経済は急成長。いずれの国もインドを軽視できなくなった。米国はインドが核保有国であることを重々承知のうえで，インドとの関係を緊密化していく方向に動いている。同盟国のオーストラリアも中国依存度を緩和すべく，インドとの関係を重視するようになった。パキスタンが国際社会で孤立する可能性が高まっている。パキスタン経由で武器・兵力を運ばなければならない米国はどのように対処する所存なのか。

早速，パキスタンのザルダリ大統領が2011年5月12日にロシアの首都モスクワを訪問，メドベージェフ大統領と対テロ協力拡大で合意した[22]。パキスタンは中国に加えてロシアにも擦り寄るようになった。

返す刀でパキスタンのギラニ首相が北京を訪問，温家宝首相と会談した[23]。両首相はパキスタンでインフラ整備に協力することで合意，パ

キスタンで進められている原発建設を中国側が支援することも協議されたもようだ。パキスタン・中国両国が共同開発した戦闘機（FCI）50機を中国がパキスタンに提供する(24)。

　さらに加えて，パキスタンは中国にパキスタン南西部にあるグワダル港（中国の支援で07年に開港）を軍港に仕立て上げることと，中国海軍の駐留を要請したという(25)。グワダル港が軍港となれば，中国による，いわゆる真珠の首飾りと命名されるインド封じ込め戦略が完結する運びとなる。パキスタン，中国双方の思惑がここで一致する。両国が軍事的にも緊密な関係にあることから，中国側に軍事機密が漏洩する可能性も取りざたされている。ワシントンが最も懸念するのは軍事機密漏洩と核兵器の流出である。

　他方，インドのシン首相は2011年5月12日，アフガニスタンの首都カブールを6年ぶりに訪問。同首相はアフガニスタンに農業やインフラ整備といった復興開発支援として5億ドルを供与すると言明した。インドはこれまでに15億ドルを支援，中国に対抗してきた。また，インドはカシミール地方の領有権を巡ってパキスタンと対立している。パキスタンを牽制しつつ，アフガニスタンへの影響力を強化する意向なのだろう。

　ホワイトハウス最大の懸念は核兵器。オバマ大統領は常日頃から核なき世界の実現を訴えているが，厳密に表現すれば，核兵器が厳格に管理される社会を実現することなのである。地球上から核兵器を消滅することは夢物語。実現不可能だ。米国にとっての悪夢は核兵器の流出。テロリストの手に核兵器が渡ることを事前に阻止しなければならない。オバマ大統領は今，パキスタンからの流出を最も懸念している。パキスタン政府に核兵器の管理強化を要請した(26)。

　イエメンやリビアにはアルカイダなどテロ組織が浸透する余地はある。北アフリカ・中東地域にはテロ組織が新たな根拠地を築く危険性が充満する。米国だけでなく国際社会がテロ組織と正面から向かい合わなけれ

Ⅷ　中東の革命と新戦争

ばならない時間は今後も延々と続くことだろう。テロ組織の壊滅，地球上からの放逐はまだまだ先の話である。

4 天然ガスと中東新戦争の政治経済学

　イスラエル沖（地中海）には天然ガス田が複数存在することは案外知られていない（図表Ⅷ-3参照）。イスラエルは原油に恵まれないが，立派な天然ガス産出国である。03年から天然ガスの生産に踏み切っている（図表Ⅷ-4参照）。天然ガスを自給自足できるようになれば，エジプトからの輸入（イスラエル発電用ガス45％に相当する天然ガスを08年から輸入）が必要なくなり，それがイスラエルの立場を強化する。

　イスラエル沖海底で発見されたリバイアサン天然ガス田の埋蔵量は16兆立方フィート（4500億立方メートル）である一方，タマル天然ガス田

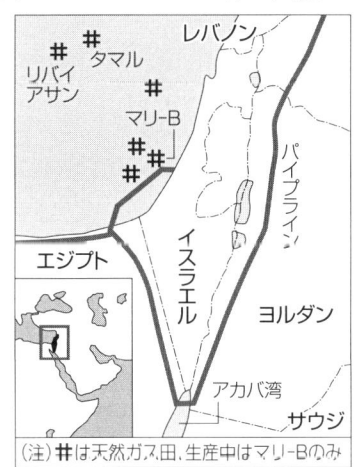

図表Ⅷ-3　イスラエル沖の天然ガス田

(注)＃は天然ガス田。生産中はマリ-Bのみ
出所：『日本経済新聞』2011年4月12日。

図表Ⅷ-4　イスラエルの天然ガス生産量
(億立方フィート)

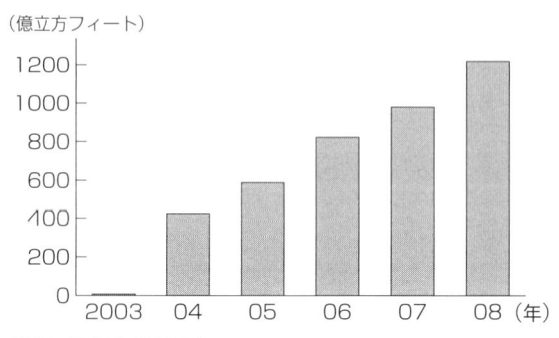

[棒グラフ: 2003年〜2008年の天然ガス生産量。2003年はほぼ0、04年約120、05年約580、06年約820、07年約980、08年約1200]

出所：図表Ⅷ-3と同じ。

のそれは8兆立方フィート。リバイアサン，タマル双方の天然ガス田の開発が進めば，イスラエルの内需を数10年分賄えるという[27]。天然ガスの純輸出国となれば，周辺国に対する影響力を強められる。

　天然ガスに限らないが，エネルギー資源の開発・生産動向は安全保障を左右する。それは対外的な発言力や外交にも影響を及ぼす。日本のようなエネルギー資源に恵まれない国家は技術力でそのハンディキャップを克服する以外に打つ手はない。逆に，エネルギー資源国はそれを十二分に有効利用できる。

　日本は島国であるから天然ガスをパイプラインで輸入しない。パイプラインの設置は技術的には可能だ。ロシアに眠る天然ガス田から海底パイプラインを建設しようと思えばできないことはない。日本列島全体にパイプラインを張り巡らせば，エネルギー安全保障の強化に寄与するだろう。ただ，それにともなうコストを考慮すると，費用対効果を疑問視する声もあるだろう。であるがゆえに，日本は液化天然ガス（LNG）[28]を輸入することに特化してきた。

　周知のとおり，東京電力福島第1原子力発電所は廃炉となり，中部電力は浜岡原発の稼働を停止した。原子力の代替としてLNG火力発電が

位置づけられるようになった。結果，LNGを追加的に調達せねばならない。年間で1,000万トンのLNGが必要だという。世界需要の5％に相当する。日本は従来，年間7,000万トンのLNGを輸入してきたが(29)，今後は8,000万トンを輸入する必要性が生じた。日本で原子力からLNGへのシフトが鮮明になった結果，電源構成でみると，LNG火力がほぼ半分を占めるようになる(30)。このような状態が当分の間は続く。もともと日本は割高なLNGを強いられてきたが，売り手市場になれば，その傾向がいっそう強まる。

　当然，LNG火力発電関連のビジネスが活況を呈するだろう。LNG調達にともなうビジネスからLNG火力発電（ガスタービンなど）やLNG専用タンカー，そして天然ガス田開発参入まで，LNG関連事業の裾野は広い。

　総合商社がLNGの追加調達に奔走する一方，JXホールディングス傘下のJX日鉱日石開発は世界最大のLNG生産・輸出国であるカタールの沖合に眠る天然ガスの探鉱開発権益を単独で取得した。カタールには可採埋蔵量が900兆立方フィートに達する世界最大のノースフィールド天然ガス田がある(31)。また，IHIは洋上LNG開発（海底の天然ガス田からその場で生産し，液化する）(32)向けの大型LNG貯蔵タンクの生産に乗り出す。三菱重工業もLNG発電用ガスタービンの生産に加えて，LNG専用タンクの受注を目指しているという。

　日本へのLNG輸出増を虎視眈々と狙うロシアではウラジオストクにLNG生産基地が新規建設される(33)。東シベリア産やサハリン産の天然ガスを利用して，年間1000万トンに上るLNGが生産される。日本が追加調達する規模と同じだ。伊藤忠商事（32.5％），伊藤忠商事子会社（5％），丸紅（20％）といった総合商社や石油資源開発（32.5％），国際石油開発帝石（10％），5社（カッコ内の数字は出資比率）が新会社・極東ロシアガス事業調査（資本金は当初1000万円）を設立，事業化調査に

乗り出す。2017年に完成予定で，生産されるLNGの大半が日本に向けて出荷されるという。

　北米をはじめ，欧州，オーストラリア，インドネシア，インド，中国などで新型天然ガス田(34)が開発されるようになった。中東地域に集中する油田とは異なり，天然ガス田は世界各地に眠る。また，天然ガスの価格は原油価格に比べると，低位で安定している。このような原因が複合的に重なって，今，新型天然ガス田の開発に拍車が掛かるようになってきた。シェールガス開発が加速する米国では天然ガスの生産量が上向きに転じ，LNG輸出が本格始動するようになった(35)。米国のエネルギー安全保障は格段に強化されることになる。

　米国では原油価格が1バレル100ドルであるのに対して，天然ガス価格のそれは原油換算で1バレル25ドル程度となる(36)。日本はLNG1トン当たり5万円前後で輸入している。日本の原発停止も手伝って，天然ガス田開発に世界中が邁進している格好だ。明らかに原油高・天然ガス安の構図だ。米国でも原子力から天然ガスへの転換が進展するかもしれな

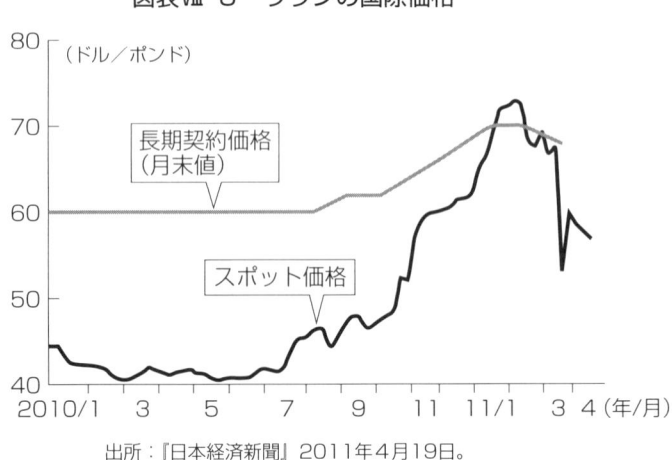

図表Ⅷ-5　ウランの国際価格

出所:『日本経済新聞』2011年4月19日。

い。加えて，世界的に脱原発，脱石油の道が模索される可能性もある。

　石油の需要が急減するとは考えられない。逆に，中長期的には漸進的に需要が伸び，価格も上値を追いかける展開となろう。既述のとおり，中東情勢次第では１バレル200ドルを突破する可能性を排除できない。しかしながら，原発建設が世界的に見送られる，あるいは延期される傾向が強まれば，ウランの需要は低迷するだろう。

　これを先取りしてウランの国際価格は2011年２月の１ポンド73ドルから，福島の原発事故後には同50ドル台（スポット価格）に急落[37]（図表Ⅷ　５参照）。あわせて，ウラン関連企業の株価も下落した。世界最大のウラン埋蔵量を保有するオーストラリア[38]ではウラン開発が中断している。ウラン価格の下落がウラン生産の採算を悪化させるからだ。ウラン関連企業の資金調達には支障が表面化してきた。ウラン権益争奪戦は休戦状態となるだろう。ここには市場の原理が作用している。

　中東情勢と福島原発事故の先行きが世界のエネルギー資源地図を塗り変え，その変化が日本のエネルギー政策を修正に追い込んでいる。現在のエネルギー問題とは政治経済学に他ならない。

5　日本政府はエネルギー戦略を総点検しなければならない

　戦後，日本は経済再建に邁進し，米国に次ぐ先進国にのし上がった。米国，欧州とともに日本は世界経済を牽引した。今世紀を迎えてからは，ニッチ（透き間）を合言葉に日本産業は高付加価値の財・サービスに特化して，さらなる躍進を目指してきた。だが，2011年３月11日，東日本大震災を境に日本経済は世界全体を先導できなくなった。中期的には日本経済は必ずや復活を遂げる。しかし，短期的には日本要因が世界経済の足枷と化してしまった。ジャパンショックが世界経済を震撼させた。

原発事故は外交問題，国際問題へと発展した。

　不透明要因はもう1つある。中東情勢だ。中東の民主化が停滞，あるいは中東産油国が混乱すると，地政学的リスクがいっそう高まり，原油価格は天井知らずの勢いで上昇の一途を辿るだろう。世界経済の光となった新興国もインフレの脅威に巻き込まれ，苦しい経済対策を強いられることになる。

　ジャパンショックと中東ショック。換言すれば，原発ショックとオイルショックになる。日本の原発事故で，世界的な，いわゆる原子力ルネッサンスは後退を余儀なくされるだろう。一方で，石油や石炭はそもそも環境負荷が高い。原子力にはコスト高が付きまとう。自然の恵みを生かした新エネルギーは理想的だが，如何せん技術的・経済的に克服せねばならない。消去法で当面，天然ガスにシフトせざるを得ない。

　人命と環境の双方を考慮すると，日本の場合でも，暫くの間はLNG火力発電に依拠せざるを得ないだろう。これは原発を重要視してきた日本のエネルギー政策を大幅に修正することを意味する。日本は2010年6月に新たなエネルギー政策を打ち出していた。それによると，2030年には発電量の半分を原発から供給する目標だった。と同時に，戦略的に原発を世界各国に輸出する方向だった。後者はともかくも，前者については見直しが急務となった。

　東日本大震災後の2011年5月中旬，『日本経済新聞』は「経済教室」欄で「エネルギー政策再構築」と題する連載記事を組んだ[39]。そこには日本のエネルギー問題や環境問題，それに行政問題の専門家3人が寄稿し，三者三様の提言を試みている。本書の最後にこの一連のレポートを紹介して，締めくくりとしよう。

　連載初日に登場したのが日本エネルギー経済研究所の十市勉氏である。十市氏は原発を完全否定できないとの立場で持論を展開，日系企業が外国で天然ガス田の開発権益を確保することが肝要だと指摘した。原発の

安全性が十二分に確立されるまでは，環境負荷の低いLNG火力発電を重要視せざるを得ないという現実的認識が底流にある。

　一方，連載記事2日目の論者，すなわち植田和弘・京都大学教授は一般に流布している原発の経済性に疑問を投げかけ，電源コストに議論を絞り込んだうえで，節電が一種の発電であるという発想が必要だと述べている。一方での節電がもう一方にとっては発電になるとの考えである。そして，一元化された大規模発電に依存する現在の体質を改善し，いわば当該地域で必要な電力をその地域で生産する共同体を創造し，発電の分散化を図ることが重要だと解説した。

　連載最終日には東京大学の城山英明教授が登場，政府の原子力安全規制機関にスポットを照射して，自らの見解を披露している。その論点は明快だ。現在，乱立する原子力安全規制機関を外国の事例を参考にしながら，簡素化したうえで，その独立性を強化することが重要だと指摘した。これが原子力安全規制に携わる人材の育成に道を開くとも指摘している。そして，独立性を備えた政府の原子力安全規制機関が原発立地地域に関与することも重要だと述べた。城山教授は原発による発電を所与として，問題点を是正することで原発の新たな意義を見出そうとしている。

　以上，紹介した3人の論者の見解は傾聴に値する。しかし，残念ながら，国益とエネルギー安全保障，そして外交の視点が欠落している。今回の原発事故を通じて，原発事故が国際問題，外交問題であることを日本の政府も国民も痛感したことだろう。自衛隊と米軍とによる救助活動上の連携プレイは一種の合同軍事演習の効果を生みだした。原発事故が日本と外国との外交関係を浮き彫りにした面もある。

　原発を完全否定することは非現実的な対応だろう。災害に強い原発を建設し，非常時の備えに万全を期することにまずは取り組むべきだ。原発の費用対効果を厳密に計算し，建設予定地の住民に納得してもらわね

ばならない。それでも，LNG火力発電に当面は活力を見出さずにはいられない。

　原発の管理・運営については電力会社と地方自治体，中央政府の役割を明確にしておく必要がある。原発監督機関の乱立は非効率的だから，電力会社，地方自治体，政府を一本の線で結ぶ組織構造が必要だろう。これには地域経済の活性化に直結することを一義的目的として据える必要もある。当然，電力会社の構造改革もあわせて検討すべきだろう。重要な点はあくまでも電力の消費者・利用者の便益を最優先することである。電力会社，地方自治体，政府の利益を前面に出すべきではない。東京電力の失敗はここにある。企業の都合が消費者を犠牲にした。これでは本末転倒。程度の差こそあれ，日本の電力会社は東電と同じ企業体質に縛られている。

　このような点を徹底させることが対外的にも必要だ。そうでないと，日本は信頼されない国家と化してしまう。長期的にはともかくも，短中期的にはLNG火力発電に依存せねばならない。だが，この状態を永遠に続けるわけにはいかない。原発の稼働にも日本に埋蔵されないウランが必要だ。ウランもいつの日か地球上からその姿を消すことだろう。化石燃料やウランがなくても持続可能な発電が可能となる，日本独自のシステムを構築せねばなるまい。これは低炭素社会の実現ではない。ゼロ炭素社会の構築に他ならない[40]。

　化石燃料がなくても機能する武器・兵器を開発できるか。日本の国土防衛にも関係する国家の重要課題だ。究極的には自然の恵みのみでエネルギーを生産することが要請される。これを50年で実現するのか，それとも100年で実現するのか。この設計図，工程表を描くことが中央政府と地方自治体の仕事である。市場の原理が機能して，商機があれば，民間企業は必ず具体的な担い手として参入してくる。こうした努力が日本経済を持続可能な成長へと導き，かつ世界経済の新たな牽引役へと結実

していく。エネルギー戦略が日本経済の成長戦略に昇華することを肝に銘じておくべきだろう。

注

（1） *Financial Times*, April 23, 24, 2011.
（2） *Financial Times*, May 18, 2011. エジプト当局は世界銀行（WB）にも22億ドルの融資を要請しているという（『日本経済新聞』2011年5月21日）。また，米国はエジプトに20億ドルの支援を約束している。加えて，サウジアラビアもエジプトに緊急基金の形で40億ドルを貸し付ける方針だという。ここには財政支援の5億ドルと低利融資の5億ドルが含まれる（*Financial Times*, May 23, 2011）。
（3） 『日本経済新聞』2011年5月24日。
（4） 『日本経済新聞』2011年4月19日。
（5） 『日本経済新聞』2011年3月29日。
（6） 『日本経済新聞』2911年5月12日。
（7） 『日本経済新聞』2011年3月30日。
（8） 『日本経済新聞』2011年4月27日。
（9） 『日本経済新聞』2011年5月10日。
（10） 『選択』2011年5月号，26頁。
（11） *Financial Times*, May 13, 2011.
（12） *Financial Times*, April 19, 2011.
（13） *Financial Times*, March 30, 2011.
（14） この問題については拙編著『中東問題の盲点を突く』（創成社，2011年）のなかで詳述したので参照されたい。
（15） *Financial Times*, May 7, 8, 2011.
（16） *Financial Times*, May 5, 2011.
（17） 『日本経済新聞』2011年5月14日。
（18） 『日本経済新聞』2011年5月24日。
（19） *Financial Times*, May 4, 2-011.
（20） *Financial Times*, May 10, 2011.
（21） *Financial Times*, May 6, 2011.
（22） 『日本経済新聞』2011年5月13日。
（23） 『日本経済新聞』2011年5月19日。*Financial Times*, May 19, 2011.
（24） 『日本経済新聞』2011年5月21日。
（25） *Financial Times*, May 23, 2011.
（26） 『日本経済新聞』2011年5月10日。

(27) 『日本経済新聞』2011年4月12日。エジプトからの天然ガス輸入価格は100万BTU（英国熱量単位）当たり4-4.5ドルと，5-9ドルという国際価格よりも割安である。
(28) 　液化天然ガス（LNG）とはメタンを主成分とした天然ガスをセ氏マイナス162度まで冷却し，液体にしたものである（『日本経済新聞』2011年5月12日）。
(29) 　日本のLNG調達先の全体に占める国別比率を2010年実績で列挙すると，次のようになる。マレーシア19.9%，オーストラリア19.0%，インドネシア18.3%，カタール10.9%，ロシア8.6%，ブルネイ8.4%，アラブ首長国連邦（UAE）7.4%，その他7.5%（『日本経済新聞』2011年5月12日）。
(30) 『日本経済新聞』2011年5月12日。日本の2010年度電源構成比は原子力29%，火力64%，水力6%，その他1%であった。原子力発電からLNG火力発電にシフトする結果，電源の7割以上を火力発電（LNGを含む）に依存することになる。
(31) 『日本経済新聞』2011年5月9日。
(32) 　世界初の洋上LNG生産は英蘭系メジャー（国際石油資本）のロイヤル・ダッチ・シェルがオーストラリアで実用化することになっている。西オーストラリア州沖合にあるプレリュード天然ガス田上にLNG生産基地が建設され，2017年から年間360万トンのLNGが生産される予定だ。貯蔵タンクの能力は60万トンだという。洋上LNG基地の建設を担当する企業は韓国のサムスン重工業とフランスのエンジニアリング大手テクニップ（『日本経済新聞』2011年5月22日）。
(33) 『日本経済新聞』2011年4月26日。
(34) 　新型天然ガス田の代表として，泥土が堆積した頁岩層にあるシェールガス田をあげることができる。米国では数年前から本格開発が進められてきた。その結果，米国の天然ガス生産量はロシアを抜いて世界首位に躍り出た。2010年実績で米国の天然ガス生産のうち，シェールガスが占める割合は23%に及ぶという。2035年になると，その比率は47%に急上昇すると予測されている。世界33カ国のシェールガス潜在埋蔵量は6,600立方フィートに達する（『日本経済新聞』2011年5月12日）。シェールガスのほか，非在来型ガスには石炭層に含まれる炭層ガス，砂岩に含まれるタイトガスがある（『日本経済新聞』2011年4月30日）。
(35) 『日本経済新聞』2011年5月22日。
(36) 『日本経済新聞』2011年5月12日。
(37) 『日本経済新聞』2011年5月10日。
(38) 　主要ウラン埋蔵国の埋蔵量とその世界シェアを列挙すると，次のようになる。オーストラリア167万3,000トン，31%，カザフスタン65万1,000トン，12%，カナダ48万5,000トン，9%，ロシア48万トン，9%，南アフリカ29万5,000トン，5.5%，ナミビア28万4,000トン，5%（『日本経済新聞』2011年5月10日）。

(39)　『日本経済新聞』2011年5月18日，5月19日，5月20日。
(40)　エネルギー問題については，拙著『日本のエネルギー戦略』創成社，2009年，ならびに拙著『資源危機サバイバル』創成社，2010年も参照されたい。

事項索引

A~Z

ADCOP ……………………122, 125, 126
AKP …………………………………………7
AQAP ………………………………………11
BASF ………………………………………25
BIS …………………………………………17
BP …………………………………………25
Camp David Accord …………………12
CNOOC ……………………………………26
CNPC ………………………………………26
DNO …………………………………………36
EMG …………………………………………70
ENI …………………………………………23
ESCWA …………………………………126
EU ……………………………………24, 59
FAO ……………………………………………4
FDI …………………………………………17
G8 …………………………………………154
GCC …………………………………9, 126, 155
GDP ……………………………………11, 154
IEA ………………………………………144
IHI ………………………………………169
IMF ………………………………………154
ISAF ……………………………………101
ISI（Inter-Service Intelligence）………104
JXホールディングス …………………169
JX日鉱日石開発 ………………………169
KPC ………………………………………160
LAFICO ……………………………………23
LIA …………………………………………23
LNG ………18, 110, 115, 124, 138, 142, 168
LNG火力発電 …………………………169

MENA ……………………………………134
NATO ………………………………8, 73, 152
NDP …………………………………………14
NEC …………………………………………11
NOC …………………………………………25
OAPEC …………………………………126
ODA …………………………………………16
OMV …………………………………………25
OPEC ………………………………27, 126, 155
PKK …………………………………………37
PLO ……………………………………87-90
PNC …………………………………………88
PWR …………………………………………19
RCD …………………………………………10
SABIC ……………………………………34, 157
SAMA ……………………………………157
SWF …………………………………………23
TTP ………………………………………163
UAE ………………………………………20, 122
UGTT ………………………………………10
UNDOC …………………………………102
VAT …………………………………………17
YKK …………………………………………11

ア行

旭化成ケミカル ………………………157
アゼルバイジャン ……………………122
アデン港 ……………………………………36
アナポリス …………………………………50
アブダビ・原油パイプライン ………122
アボタバード …………………………162
アラウィ派 …………………………36, 55
アラビア半島 …………………………124

アラビア半島のアルカイダ（AQAP）……11
アラブ首長国連邦（UAE）……………20, 122
アラブ石油輸出国機構（OAPEC）……126
アラブ連盟……………………………………13
アルカイダ……………………………35, 162
アルジェリア………………………143, 146
アルジュベール……………………………157
アロー・エナジー……………………………26
安全保障理事会……………………………143
アンナハダ…………………………………10

イスラマバード……………………………162
イタリア………………………141, 142, 145
伊藤忠商事…………………………………169
イブ・サンローラン…………………………10
イラク………………………………………122
イラン革命……………………………………7
インティファーダ…………79, 90, 92, 93
インテサ・サンパウロ………………………24
インフォーマルセクター……………………16
インフラストラクチャー……………………6

ウニクレディット……………………………23
ウラジオストク……………………………169
ウラマー……………………………………158
ウラン………………………………………171

英国…………………………102, 141, 145
液化天然ガス（LNG）
　　………18, 110, 115, 124, 138, 142, 168
エジプト石油公団……………………………18
エジプトポンド………………………………17
エス・シデル港………………………………21
エネルギー・サプライチェーン……………30
エルサレムの分割……………………………53
エルサレムの分割問題………………………52
エンカナ………………………………………26

エンゲル係数…………………………………3

欧州連合（EU）………………………24, 59
オーストラリア……………………………102
オキシデンタル・ペトロリアム……………26
オスロ合意………………48, 58, 59, 91, 92
オフショア（海底）…………………………18

カ行

加圧水型軽水炉（PWR）……………………19
外国直接投資（FDI）………………………17
海上輸送路（シーレーン）…………………34
カイロ…………………………………………14
核心的な問題…………………………………58
核なき世界……………………………………51
ガザ………………………7, 60-63, 86, 90
ガザ紛争…………………………………63, 72
カタール………………………………31, 121
カディマ………………………………61-63, 71
カブール……………………………………166
カルバン・クライン…………………………11
ガワール油田………………………………121

基礎生活物資…………………………………4
北キプロス・トルコ共和国…………………72
北大西洋条約機構（NATO）
　　……………………………8, 73, 143, 152
キプロス共和国………………………………72
キプロス問題…………………………………72
キャンプデビッド和平協定（Camp David Accord）………………………………………12
旧ソ連がアフガニスタンに軍事介入……100
供給不安……………………………………144
強襲揚陸艦キアサージ………………………23
京都議定書……………………………………67
極東ロシアガス事業調査…………………169
ギリシャ………………………………72, 145

キレナイカ地方	32
クウェート	121
クウェート石油会社（KPC）	160
空母エンタープライズ	23
クネセト	71
グリーンストリーム	139
クルド労働者党（PKK）	37
クレムリン	3, 164
グワダル港	166
軍産複合体	9
軍統合情報局	164
原子力	147
原油輸入依存度	141
公正発展党（AKP）	7
国際エネルギー機関（IEA）	144
国際決済銀行（BIS）	17
国際石油開発帝石	169
国際石油資本（メジャー）	18
国際治安支援部隊（ISAF）	101
国際通貨基金（IMF）	154
国内総生産（GDP）	11, 154
国民評議会	134, 145
国民民主党（NDP）	14
国連食糧農業機関（FAO）	4
国連薬物犯罪事務所（UNDOC）	102
国境画定	53
コノコフィリップス	26
500万人に上るパレスチナ難民の帰還権	53

サ行

サウジアラビア	121
サウジアラビア基礎産業公社（SABIC）	
	34, 157
サウジアラビア通貨庁（SAMA）	157
サウジアラムコ	18, 122
サウジ・リヤル	159
サウド王家	158
サハラ・ペトロケミカル	157
ザラ	11
サリル油田	21
シーア派	33, 62
ジェイハン	120
シェールガス	68, 170
ジェロニモ作戦	162
シナイ半島	13, 66
ジャスミン革命	10, 134
シャリア（イスラム法）	153
シャルムエルシェイク	14
主要8カ国（G8）	154
シルト	22
新型天然ガス田	170
神権政治	36
真珠の首飾り	166
神殿の丘（ハラム・アソレヤリーフ）	49
数百万ドルの資金	104
スエズ運河	18, 161
スタトイル	25
スペイン	142, 145
スメド石油パイプライン	18
スワップ取引	29
スンニ派	33, 55
生産余力	144
政府開発援助（ODA）	16
政府系投資ファンド（SWF）	23
石油資源開発	169
石油輸出国機構（OPEC）	27, 126, 155
双日	157

タ行

大国の墓場 100
第3回中東北アフリカ会議 70
第3次中東戦争 8, 66, 88, 94
タジク人 100
ダブル・スタンダード（二重基準） 152
タマル天然ガス田 54, 67-69, 71, 72, 167
ダリト天然ガス田 71
タリバン 101, 164
炭化水素公社（ENI） 23
弾道ミサイル開発 73

中国海洋石油（CNOOC） 26
中国石油加工（シノペック） 26
中国石油天然ガス（CNPC） 26
中東包括和平案 49
中東民主化の嵐 54
チュニジア労働総同盟（UGTT） 10

積み出し港 118

テルアビブ 53, 82
デレク・グループ 70
テレコム・イタリア 24
電力グリッド 125

ドイツ 141, 145
東欧革命 153
トタル 25
トリポリ 21, 143
トリポリタニア地方 32
ドルフィン・プロジェクト 124, 128
トロワスイス 11

ナ行

西アジア経済社会委員会（ESCWA） 126

2回の戦争（第1次1838-42年, 第2次1878-80年） 100
2正面作戦 105

ノースフィールド天然ガス田 169
ノーブル・エネルギー 71

ハ行

バース党 36, 95
バーレーン 33, 121
パイプライン 69, 70, 115, 142
パキスタンのタリバン運動（TTP） 163
ハザラ人 100
パシュトゥン族 100
バブ・エル・マンデブ 161
ハブシャン油田 122
ハマス 7, 60, 78, 92-96
ハリファ王家 33
バルフォア宣言 81
パレスチナ 8, 58-60, 62, 64, 74, 78-85, 87, 90-96
パレスチナ解放機構（PLO） 87-90
パレスチナ人労働者の排除の問題 84
パレスチナ難民の帰還権 51
パレスチナの分割案（国連決議181号） 85
パレスチナ民族会議（PNC） 88
バンカUBAE 24

ピアソン 23
東地中海ガス（EMG） 70
非常事態法 36
ヒズボラ 8, 62
秘密情報機関ISI（Inter-Service Intelligence） 104
ヒンズークシ山脈 100

ファタハ 37, 60, 88, 89, 92-96

ファタハ・ハマス和解…………………38
フィアット…………………………23
フィンメッカニカ…………………23
フェイスブック……………………79
付加価値税（VAT）………………17
フジャイラ……………………118, 120
部族連合政権………………………107
部分和平案…………………………51
フランス……………………141, 145, 147
フランステレコム傘下オレンジ……11
ブレガ………………………………21

米国ニューヨーク・ワシントンの同時テロ
　………………………………………101
ペトロチャイナ……………………26
ベネトン………………………………11
ベルリンの壁崩壊…………………153
ベンガジ…………………………22, 143

北海ブレント……………………4, 144
ホルムズ海峡
　………110, 117, 118, 121, 123, 124, 161

マ行

マリB天然ガス田………………67, 68
丸紅……………………………………169

三菱ガス化学………………………157
三菱重工業…………………………169
緑の書…………………………………32
民主化ドミノ………………………156
民主化要求デモ…………………78, 93

ムスリム同胞団……………………7, 55

ヤ行

矢崎総業………………………………11

ヤンブー港……………………………29

ユーフォリア（陶酔感）…………152
輸出比率……………………………114
輸送揚陸艦ポンス…………………23
ユダヤ戦争……………………………80
ユダヤロビー…………………………9
ユベントス……………………………23

洋上LNG開発………………………169
ヨルダン川西岸地区
　………39, 61-63, 65, 78, 86, 88, 93

ラ行

ライトスイート………………………25
ラコステ………………………………10
ラスラヌフ……………………………21
ラス・ラファン……………………123
ラファ検問所…………………………95
ラマラ…………………………………53

リクード………………………61, 63-65, 71
立憲民主連合（RCD）………………10
リバイアサン……………………73, 74
リバイアサン天然ガス田
　………………54, 67, 68, 70-72, 167
リビア…………………………78, 134, 146
リビア・アラブ・フォーリン・インベスト
　メント・カンパニー（LAFICO）……23
リビア外国銀行………………………24
リビア国営石油会社（NOC）………25
リビア上空飛行禁止区域……………30
リビア投資庁（LIA）………………23

ルースアル……………………………24
ルクソール・テロ事件………………17

レプソルYPF ……………………… 25, 26	和平会議 ……………………………… 50
ロイヤル・ダッチ・シェル …………… 25	湾岸協力会議（GCC）………… 9, 126, 155
67年ライン（国境線）……………… 38	湾岸産油国 …………………………… 110
ロスアトム ……………………………… 19	湾岸諸国 ……………………………… 110
	湾岸戦争 ……………………… 13, 59, 90, 91

ワ行

ワッハーブ派 ……………………………… 158

人名索引

ア行

アハマディネジャド大統領 ……………… 103
アブドラ国王 ……………………………… 7
アブドルジャリル議長 …………………… 22
アラファト ………… 60, 63, 88, 90, 91, 93
イツハク・ラビン首相 …………………… 91
イドリス国王 ……………………………… 32
ウサマ・ビンラディン ……………… 40, 162
エルドアン ………………………………… 8
オバマ大統領 ………………………… 31, 64
オマル・ムフタール ……………………… 32
温家宝首相 ……………………………… 165

カ行

カイドセブシ ……………………………… 10
カダフィ大佐 ………………………… 2, 134
ガネム元総裁 ……………………………… 26
カルザイ大統領 ………………………… 102
ガンヌーシ首相 …………………………… 10
キラニ首相 ……………………………… 165
クリントン国務長官 …………………… 11, 58
ゲーツ国防長官 ………………………… 101

サ行

サダト大統領 ……………………………… 12
ザルダリ大統領 ………………………… 165
サレハ大統領 ……………………………… 11
シャラフ首相 ……………………………… 14
セイフアラブ ……………………………… 31

タ行

タンタウィ議長 …………………………… 14

ナ行

ナセル大統領 ………………………… 12, 87, 88
ネタニヤフ首相 ………………………… 63-65

ハ行

バイデン米副大統領 ……………………… 50
バッシャール・アサド大統領 ………… 36, 55
ハフェズ・アサド前大統領 ……………… 36
ハリド・マシャル ………………………… 95
ファラオ …………………………………… 14
プーチン首相 ……………………………… 30
ブルギバ大統領 …………………………… 10
ペトレリアス将軍 …………………… 50, 101
ベンアリ大統領 ……………………… 2, 143
ポール・D・ミラー …………………… 106
ホルスト外相 ……………………………… 91
ポンティウス・ピラトゥス ……………… 80

マ行

マスード元国防相 ……………………… 101
マムフド・アッバス大統領 … 60, 65, 94, 96
ムバラク大統領 ……………………… 2, 143
メドベージェフ大統領 ………………… 165
メバザア下院議長 ………………………… 10
モツンエ・ヤーロン ……………………… 54

ラ行

リチャード・ホルブルーク …………… 104
ロバート・D・ブラックウエル ……… 106

【執筆者紹介】〈執筆順〉

中津　孝司（なかつ・こうじ）〈編　者〉
　1961年　大阪府生まれ
　現　　在　大阪商業大学総合経営学部教授，経済学博士（大阪学院大学）
　主要著書　『米中協調の世界経済』（編著）同文舘出版，2010年
　　　　　　『資源危機サバイバル』創成社，2010年
　　　　　　『クレムリンのエネルギー資源戦略』同文舘出版，2005年，他多数

梅津　和郎（うめづ・かずろう）
　1929年　島根県生まれ
　現　　在　大阪外国語大学名誉教授，未来戦略研究所代表，経済学博士（京都大学）
　主要著書　『米中協調の世界経済』（共著）同文舘出版，2010年
　　　　　　『北東アジアの危機と新成長戦略』（編著）晃洋書房，2007年
　　　　　　『大欧州世界を読む』創成社，2006年，他多数

佐藤　千景（さとう・ちかげ）
　1968年　福島県生まれ
　現　　在　関西外国語大学国際言語学部准教授
　主要著書　『米中協調の世界経済』（共著）同文舘出版，2010年
　　　　　　『ユダヤ世界を読む』創成社，2006年
　　　　　　『イラク戦後の中東経済』（共著）同文舘出版，2004年

河村　　朗（かわむら・あきら）
　1962年　京都府生まれ
　現　　在　西南学院大学経済学部教授
　主要著書　『中東問題の盲点を突く』（分担執筆）創成社，2011年
　　　　　　『中東和平と世界経済』（共著）五絃舎，2007年
　　　　　　『エネルギー国際経済』（分担執筆）晃洋書房，2004年

平成23年9月15日　　初版発行　　　　　　略称：中東新戦争
（検印省略）

中東新戦争勃発
―原油200ドル時代到来―

編著者　Ⓒ　中　津　孝　司

発行者　　　中　島　治　久

発行所　**同 文 舘 出 版 株 式 会 社**
東京都千代田区神田神保町1-41　　〒101-0051
営業（03）3294-1801　　　編集（03）3294-1803
振替 00100-8-42935　　http://www.dobunkan.co.jp

Printed in Japan 2011　　　　　　　製版　一企画
　　　　　　　　　　　　　　　　印刷・製本　二美印刷
ISBN978-4-495-44031-2